El uso de marcas comerciales en este documento carece de consentimiento, y la publicación de la marca comercial no tiene ni el permiso ni el respaldo del propietario de la misma.

Todas las marcas comerciales dentro de este libro se usan solo para fines de aclaración y pertenecen a sus propietarios, quienes no están relacionados con este documento.

Índice

Introducción	vii
1. Entendiendo la naturaleza de creer	1
2. Identificando creencias limitantes	31
3. Superar las creencias limitantes	53
4. Avanzando	73
5. Dominar el poder del pensamiento a largo plazo y la inteligencia emocional	135
Conclusión	161

Introducción

El poder de creer en algo o en alguien (especialmente en uno mismo), es lo que usualmente inspira a las personas al momento de tomar una decisión para lograr las metas que se hayan planteado. Es lo que hace que lo imposible, se vuelva posible. Todo lo que puedas observar a tu alrededor, comenzó como una "idea" para alguien más que fue impulsada gracias a que creyó en el potencial de esa idea, porque creyó que todo lo que se propusiera lo podía lograr.

A pesar de ello, este poder juega un doble rol. Así como es fundamental propulsar las ideas y creer en ellas, también existen aquellas que nos limitan de otras formas, lo que resulta contraproducente ya que nos aferrarnos a ellas y nos desviamos de lo que es importante, ignoramos nuestro verdadero potencial y las metas que deberían ser prioridad.

Introducción

Nuestras creencias son formadas desde muy temprana edad gracias a nuestros padres y otras figuras de autoridad que forman o formaban parte de nuestra vida.

Claramente, no todos tienen la fortuna de ser acompañados por padres o tutores que formen parte de su red de apoyo. Es por eso que lamentablemente hay quienes sufrieron experiencias negativas que conlleva a ideas y creencias limitantes que pueden sabotear el progreso que has creado para tener éxito en tu vida adulta.

Estas limitantes son una fuente de dudas, un estado en el que la mayoría encuentra familiar. Tener dudas de uno mismo, de lo que uno puede lograr es contraproducente para el bienestar propio y conlleva a la ansiedad, depresión y procrastinación.

Lo bueno, es que podemos trabajar en ello, en todas las ideas, creencias y pensamientos para que luego se elimine todo lo que nos limita a ser exitoso. Bien puedes reemplazar las limitantes con creencias y/o pensamientos que te empoderen y te den la confianza para cambiar tu vida a una más acorde a tus metas.

Cuando superas esas creencias que te limitan, no hay manera de volver atrás. Debes confiar en que serás capaz de vivir la vida que siempre has deseado y eliminar cualquier rastro de pensamiento negativo que te impida

Introducción

lograrlo. Además, reemplazando estas ideas te ayudará a mejorar la confianza que tienes en ti mismo y lograr grandes cosas en tu vida privada y profesional.

Para ello, durante el capítulo 1 podrás explorar de dónde surge y de donde toma poder el "creer" y su relación con dudar y confiar en uno mismo.

En el capítulo 2, aprenderás a identificar cuales son las creencias que limitan tu ser, poder seleccionar las que son de ayuda de las que no e identificar cuales deben ser eliminadas.

En el capítulo 3, descubrirás una estrategia para reemplazar las creencias que te limitan y dejar entrar creencias fundamentales que te empodera. En el cuarto capítulo, conocerás técnicas y estrategias que te ayudarán a seguir adelante, así como encontrar la manera de mantener nuevas creencias que contribuyan a tu crecimiento.

Finalmente, en el capítulo 5, vas a descubrir el gran poder que tienen los pensamientos a largo plazo que te ayudan a lograr metas también a largo plazo; también conocerás cómo usar y desarrollar inteligencia emocional para que las puedas usar como ventaja.

De esa manera, al finalizar el libro serás capaz de superar los pensamientos y/o creencias que te constantemente te limitan y conocerás las herramientas que podrás usar

Introducción

para superar la idea que tienes al dudar de ti mismo, mejorar la confianza y que puedas tener éxito en la vida personal y profesional.

1

Entendiendo la naturaleza de creer
¿QUÉ ES UNA CREENCIA?

¿Te has preguntado lo que realmente es una creencia?

Podrá sonar simple, sin embargo el concepto de creencia puede ser un concepto difícil de comprender. En simples términos, una creencia es una aceptación de que algo es verdad, especialmente sin pruebas. Podrá sonar un poco extraño, pero veámoslo desde un punto evolucionado y descubramos que son realmente las creencias, y por qué puede ser común demasiado difícil cambiar las creencias existentes.

Nuestro cerebro usa las creencias para darle sentido a nuestro mundo complejo y navegar de manera eficiente. Las creencias representan los conceptos de la manera en la que nuestro cerebro espera que las cosas trabajen y cómo deben estar relacionadas.

. . .

Nuestro cerebro usa las creencias como plantilla para el aprendizaje y conforma los patrones formados por ellas.

Nuestro cerebro tiene que tomar decisiones sobre próximas acciones rápidamente. Eso puede explicar por qué las creencias están formadas rápidamente y muchas veces en ausencia de evidencia. Una creencia no evoluciona para indicar una verdad, ya que una creencia es una guía poco confiable hacia la verdad. Es más probable que el propósito de la creencia sea guiar la práctica.

Es por eso que una persona es capaz de creer en sus metas y tomar acción para hacerlas realidad, mientras que otros están abrumados al dudar de sí mismos y no tener voluntad para continuar. Las buenas noticias son que, tus creencias no representan la realidad. Además, es posible reemplazar las creencias que te limitan con nuevas que te empoderen. Ahora, echémosle un vistazo a qué es lo que causa que una persona produzca creencias en primer lugar.

Las causas de las creencias

. . .

Existen muchos factores que pueden contribuir a que una persona forme una creencia particular. Pueden estar divididas en factores externos e internos.

1. Los factores externos incluyen cualquier tipo de aporte que recibas del mundo externo a través de una valoración de evidencia, aceptación de la autoridad, aceptación de la asertividad, y de la dimensión social.
2. Los factores internos incluyen tu experiencia previa, creencias previas y personalidad.

Veamos más de cerca estos factores y cómo afectan la formación de tus creencias.

Factores externos

La mayoría de las creencias son formadas durante la niñez.

Aprendemos de ellas desde una temprana edad de nuestros padres y otras figuras de autoridad. Muchas creencias son productos de años y milenios de evolución de la historia de la cultura humana. Como niños, estamos inclinados a creer en nuestros padres. Y ya como adultos, tendemos a creer en varias figuras de autoridad.

Considerando esto, no es una sorpresa que nuestro cerebro haya evolucionado para fácilmente aceptar y creer las cosas que nos han dicho, en lugar de ser escépticos.
Toma sentido desde un punto evolutivo como estrategia para un aprendizaje eficiente por parte de nuestros padres.

También promueve la cohesión de un grupo, ya que los humanos son especies sociables.

Ser carismáticos persuade a los individuos así como las ideas convincentes pueden cambiar las creencias de la gente. A veces puede ser racional. Pero otras veces, no lo es. La gente a menudo puede ser fácilmente influenciada por líderes carismáticos y movimientos sociales. Es especialmente verdad cuando ofrecen una sentido de validación y propósito más fuerte, una afiliación más poderosa, u ofrecer nuevas identidades y apegos que una persona tuvo previamente en su vida.

Factores internos

. . .

Experimentamos el mundo rodeandonos completamente de nuestros sentidos. Como resultado, nos parece difícil de entender que esas percepciones pueden a veces ser subjetivamente distorsionadas y que no necesariamente representan la realidad objetiva. Las personas tienen la tendencia de creer en sus sentidos físicos y creer en sus percepciones incluso cuando están alucinando, no importa que tan distorsionada pueda estar su percepción.

La gente siempre defiende su percepción de la realidad e intenta explicar las contradicciones.

Le damos a nuestra experiencia subjetiva, nuestras creencias, demasiada credibilidad. Siempre trataremos de explicar cualquier cosa que contradiga nuestras creencias. Añadiremos capa sobre capas de explicaciones distorsionadas en lugar de abandonar o reestructurar las creencias equivocadas.

La resistencia al cambio de nuestras creencias vienen del hecho de que nuestras creencias están a menudo ligadas a cómo nos definimos a nosotros mismos como personas - nuestra identidad. Queremos sentir que somos consistentes, y que nuestro comportamiento está alineado a nuestras creencias. Tendemos a racionalizar nuestras acciones y creencias para preservar la imagen de consistencia, en lugar de admitir y aceptar el hecho de que fundamentalmente estamos equivocados. Es vergonzante y a veces puede resultar bastante costoso de diferentes maneras.

Como las creencias afectan nuestras vidas

Existe una variedad de diferencias entre el mundo de los humanos y el mundo animal. Pero hay una diferencia mayor que tiene una influencia significativa en nuestras vidas.

Nosotros, como humanos, necesitamos darle significado a nuestras acciones y a los eventos que suceden a nuestro alrededor. Los animales, al contrario, funcionan por puro instinto. Por ejemplo, a un perro no le importa por qué mordió el tapete de la casa. Y un gato no tiene necesidad de entender por qué le gusta rodar bajo el sol. Pero los humanos tienen una inherente necesidad de cuestionarse todo: su comportamiento, las acciones de otros, y el mundo que los rodea en general. Tenemos la constante necesidad de ponerle significado a nuestras experiencias, y este proceso empieza desde el momento en que existimos.

Cuando le damos un significado, llegamos a conclusiones.

. . .

Cuando tenemos que darle significado muchas veces a una experiencia repetida es cuando este significado se convierte en una creencia. Esto es especialmente cierto si la experiencia fue traumática o cuando no tenemos información nueva o contradictoria para comparar nuestro significado.

Además, mientras menos información tenemos, es más probable que nuestras creencias estén equivocadas y probablemente bastante limitadas.

Las creencias crean realidad

Nuestros cerebros tienen un algoritmo interesante al clasificar información.

Los eventos que suceden a nuestro alrededor siempre están unidos a nuestras creencias para ayudarnos a darle sentido a la vida. Como consecuencia, nuestro cerebro escanea cada experiencia en busca de algo que pueda coincidir con nuestras creencias existentes. Toda la información que nuestro cerebro recibe es escaneada en busca de algo que nos traiga confirmación de nuestras creencias existentes. Cuando se encuentra una coincidencia, el cerebro lo almacena y lo acepta como una verdad. La información que no encaja en el marco de creencias existentes es distorsionada o descartada.

Las creencias limitadas o equivocadas son creadas, verificadas y sostenidas de la misma manera que las creencias empoderadoras y útiles. Si tienes la creencia de que no mereces felicidad, entonces la felicidad siempre te parecerá fuera de tu alcance. Las creencias positivas trabajan de manera opuesta, donde la vida parece repartir buena suerte, a diestra y siniestra. La vida nos está dando lo que creemos, y nuestras creencias están creando buena o mala suerte haciéndonos notar las cosas que coinciden con nuestras creencias y descartando el resto. Nuestra realidad está creada por nuestras creencias, así que esencialmente, estamos creando nuestra propia suerte, felicidad y todo lo demás.

Por ejemplo, si tienes la creencia de que no eres lo suficientemente bueno, entonces cada crítica, no importa que tan grande o pequeña sea, inmediatamente es tomada como una verdad absoluta en lugar de solo una opinión de alguien más. Como resultado, cada error es entonces visto como evidencia de no ser lo suficientemente bueno, en lugar de ser una oportunidad para aprender y mejorar.

Las buenas noticias son que el cerebro trabaja con las creencias positivas de una manera similar. Así que, por ejemplo, si tienes una creencia positiva acerca de que eres exitoso, el cerebro buscará cualquier cosa que pueda encajar con esa creencia. Como consecuencia, cualquier afirmación positiva como "Puedes alcanzar tus metas" o "Puedes lograr éxito" coincidirá con tu creencia positiva. Además, cualquier comentario positivo será también reconocido por el cerebro como una coincidencia. Es por eso que es importante introducir y mantener creencias fundamentalmente positivas.

La creación de una creencia y una coincidencia

Veamos con más detalle como las creencias y las coincidencias trabajan. Imaginemos que hubiera un niño llamado Pablo.

La mamá de Pablo tenía muchas presiones en su vida, y como resultado, tenía poca paciencia. Ella le gritaría a Pablo repetidamente: "¡Mira lo que has hecho!"; "¿Por qué diablos lo hiciste?"; "¿No puedes hacer algo bien?". Como adultos, con nuestra visión y experiencia, podemos decir que la madre de Pablo estaba probablemente sacando sus frustraciones con cualquier error común que todo niño pequeño comete, además de demostrar su propia falta de armonía interna o habilidades paternas útiles. Desde el punto de vista de un adulto, podemos ver un caso de mala crianza y que la madre de Pablo está cometiendo un error.

Pablo es un niño pequeño, solo tiene tres años y no posee el conocimiento disponible para los adultos. Él no puede pensar que su madre podría estar mal. Entonces, le da el significado que puede a esta experiencia. Pablo probablemente podría pensar, "Tal vez no puedo hacer nada bien".

Después de algunas repeticiones de experiencias similares, este significado se incrusta así mismo en la mente de Pablo y se convierte en una creencia. En este caso, esta creencia es sobre la identidad de Pablo porque incluye la palabra "Yo" - "Yo no puedo hacer nada bien". Las creencias pueden ser sobre identidad - "Yo no puedo"; o sobre la actitud de otros - "No le gusto a la gente"; o el mundo a nuestro alrededor - "El mundo allá afuera es cruel".

Tan pronto como se convierte en una creencia, el cerebro de Pablo empieza a emparejar otras experiencias a esta creencia existente. Además, lo más probable es que la madre de Pablo continúe demostrando las mismas prácticas de mala crianza, se vuelve algo fácil para el cerebro encontrar coincidencias rápidamente. Y el cerebro no se detiene ahí.

. . .

Se queda buscando coincidencias con cualquier situación, así que cuando otros adultos hacen comentarios o le preguntan a Pablo cosas como, "Jack, ¿estás seguro de que quieres jugar afuera? Tal vez deberíamos quedarnos en casa a ver caricaturas.", el cerebro de Pablo dice, "¡Ahí está!

Están diciendo que no puedes hacer nada bien.". Si Pablo ve que alguien se le queda viendo su suéter, es probable de que su cerebro diga, "¡Ahí está!

Están diciendo que no puedes hacer nada bien. Se están burlando de mi suéter y de lo ridículo que me veo usándolo". En realidad, la persona probablemente e inocentemente está pensando, "Mi sobrino tiene un suéter como este". Ese ejemplo puede parecer un poco vago para el cerebro para hacer una coincidencia como esa; sin embargo, el cerebro sólo está buscando coincidencias que puedan encajar con la creencia existente, no está buscando hechos. Y así de simple, el cerebro de Pablo está constantemente haciendo coincidir sus experiencias de vida con sus creencias existentes.

¿Qué pasa cuando al cerebro se le presenta información que no coincide?

. . .

Cualquier información que no coincida con las creencias existentes es simplemente descartada. El cerebro piensa, "Esa no coincide", y las elimina. Imagina por un momento que alguien con la creencia de que "no es lo suficientemente bueno". Cuando esta persona escuche que su amigo lo elogie, "Has hecho un buen trabajo", el cerebro tiene que descartar este mensaje porque no coincide con ninguna creencia existente. El cerebro dice, "Esa no coincide". Ese proceso suele ir acompañado de pensamientos que buscan justificación o excusas, como, "Eso no es cierto, él realmente no piensa eso"; "Él solo lo está diciendo para ser amable, él no lo dice en serio"; "Él dice eso porque siente lástima por ti"; "Él lo dice esta vez, pero eso no cuenta porque normalmente no lo hace". El cerebro puede producir una gran cantidad de razones para demostrar que esa declaración positiva no coincide con cualquier creencia existente.

Puedes imaginar la frustración experimentada por aquellas personas quienes genuinamente están dando comentarios positivos a alguien que no creen que lo digan en serio. Es como hablar con la pared.

Incluso, puede ser que conozcas a alguien que tiende a interpretar todo lo que todos dicen como algo negativo sobre ellos, y nunca creerán las cosas positivas que la gente dice y hace. Es una experiencia realmente frustrante. Sucede porque todas esas cosas positivas no coinciden con sus creencias y su cerebro las descarta como resultado.

Las creencias pueden proporcionar motivación para avanzar o detenernos

Todos nosotros probablemente conocemos a una persona que parece tener la mayoría de las cosas necesarias para vivir una vida exitosa - inteligencia, creatividad, talento y humor, en algunos casos ellos pueden tener incluso dinero.

A pesar de todo eso, no parecen llegar nunca a ningún lugar, por eso a menudo nos rascamos la cabeza confundidos y preguntándonos por qué tal potencial no es utilizado nunca.

Nada puede detenernos excepto nuestras creencias - cuando la gente tiene creencias limitadas, son incapaces de avanzar por su cuenta. En cambio ellos experimentan el viejo síndrome "Sí, pero…". "Sí, pero aún no puedo hacerlo".

Por otro lado, todos nosotros probablemente conocemos a una persona que parece tener la mayoría de las características en contra de ellos - menos inteligencia, menos creatividad, ellos pueden tener una salud pobre o una discapacidad física y no tener dinero.

Sin embargo, cuando vemos a un individuo así salir adelante - a menudo nos rascamos la cabeza con asombro y nos preguntamos cómo una persona con tantos defectos en contra de ellos posiblemente podría lograr tanto. Nada puede detenernos cuando tenemos creencias positivas empoderantes. Cuando una persona tiene creencias positivas, no pueden ser detenidos por sus propios inconvenientes. En su lugar ellos experimentan el síndrome "Sí, pero…" de reversa. "Sí, pero puedo hacerlo a pesar de todos los problemas que tengo".

Sentimientos negativos

La gente tiende a pensar que sus sentimientos negativos son declaraciones sobre la realidad o hechos. Sin embargo, es importante recordar que el sentir no es una declaración de un hecho, si no una emoción. Experimentar tus emociones no es igual aceptarlas como declaraciones de un hecho sobre tu propia identidad. Los sentimientos son reacciones emocionales a las creencias. Si uno se siente inadecuado, pueden activamente experimentar ese sentimiento, dándose cuenta que incluso aún cuando se sienten inadecuados, no quiere decir que son inadecuados en cada aspecto de la vida. Sería más apropiado decir, "Me siento inadecuado", en lugar de "Soy inadecuado", ya que los sentimientos negativos no son declaraciones de una hecho, si no una emoción.

Lo que sientes no representa tu identidad - solo es quien crees o piensas que eres en ese momento. Si uno pudiera de repente descartar todas las creencias negativas, lo que quedaría es quien realmente son - un ser humano demasiado brillante.

La mayoría de las creencias negativas son creadas a una edad temprana. Como resultado, somos incapaces de ordenarlas a través de la lógica y razón adulta. Como consecuencia, no podríamos darnos cuenta que estuvimos aceptando algo que no es real y restringido.

Considerando que los sentimientos expresan reacciones emocionales a las creencias, podemos dirigir nuestra atención a los sentimientos negativos para descubrir nuestras creencias limitantes. Podemos preguntar, "¿Qué creencia puede coincidir con esos sentimientos?" o "¿Qué podría posiblemente creer una persona sobre ella misma para generar esos sentimientos?". ¿Qué dicen esos sentimientos sobre mí?", "¿Qué significado le doy a ese sentimiento?"

Los sentimientos negativos son a menudo señales de creencias limitantes. Una vez que descubres tus creencias limitantes, es posible removerlas. Una vez las creencias son removidas, una persona es finalmente libre de ser quien realmente es. La persona que podrían haber sido si las creencias limitantes no hubieran sido creadas y grabadas en su cerebro durante su infancia.

La persona es libre de explorar y expandir su propio potencial. La persona que siempre quisiste ser.

Cambiando tus creencias

Simplemente hablando, tus creencias están formadas por la información que recibes del mundo externo y cómo interpretas esa información en función de tus convicciones internas o diálogo interno. Como consecuencia, es posible cambiar tus creencias:

1. Cambiando tus convicciones internas o diálogo interno.
2. Escogiendo tu entorno más cuidadosamente para cambiar el mundo externo.

Ahora continuemos discutiendo la naturaleza de la duda, la fuente de la duda de uno mismo y cómo puede afectar tu vida.

La naturaleza de la duda

Aunque la duda es a menudo considerada como lo opuesto de la creencia, no es verdaderamente cierto. La duda es un estado mental donde la mente está suspendida entre dos o más propuestas contradictorias, incapaz de estar seguro de alguno de ellos.

Dudar sobre un nivel emocional es indecisión entre la creencia y la incredulidad.

De acuerdo con la opinión popular, uno tiene duda si y sólo si uno tiene menos que el nivel más alto de confianza. Sin embargo, últimamente otra cuenta de duda ha experimentado un aumento de popularidad: uno tiene duda si y sólo si uno cree que uno podría estar mal. Considerando que la creencia es una guía para tomar una medida práctica, esta cuenta de duda se correlaciona directamente con la incapacidad de algunas personas de tomar acción por tener dudas.

Es equitativamente común entrar en una especie de combate de lucha libre con una pequeña voz en tu cabeza que debilita tu confianza y aumenta tus dudas.

¿Qué pasa si te equivocas? ¡Te harás quedar en ridículo a ti mismo! ¿Qué dirá la gente? ¡No eres lo suficientemente inteligente, capaz, experimentado y talentoso!

En algún punto, nos preguntamos si estamos haciendo o no lo suficiente, haciendo el dinero suficiente, o si estamos siendo lo suficientemente "exitosos". Este es un círculo vicioso que puede conducir a dudas paralizantes sobre uno mismo.

La verdad detrás de dudar de uno mismo

Dudar de uno mismo es un hábito mental que cuestiona tu propio juicio o valor. Por definición, los individuos que dudan de sí mismos no están seguros de si su habilidad por sí sola puede conducir al éxito.

Dudar de uno mismo, como todos los hábitos, puede venir de una gran variedad de fuentes. Y de hecho, diferentes personas luchan con dudar de uno mismo de diferentes maneras - no hay dos luchas de personas que dudan de sí mismos que sean exactamente iguales.

Dudar de uno mismo a menudo se origina de la niñez de uno, usualmente como resultado de la manera en la que fueron criados. Como consecuencia, dudar de uno mismo puede convertirse en un problema después en la adultez, y de hecho, puede acompañar a una persona a lo largo de su vida.

Es importante recordar que todos los factores que causan que se dude de uno mismo inicialmente no son siempre los mismos que los están manteniendo ahora. Por ejemplo, ser maltratado de niño causa el hábito de dudar de uno mismo inicialmente, pero como adulto, el hábito mental de pedirle a otras personas tranquilidad es lo que lo mantiene.

Las creencias limitantes son creadas por nuestro diálogo interno - nuestros pensamientos. Dudar de uno mismo es un patrón de pensamiento paralizante que puede grabarse profundamente en nuestros cerebros. Sin embargo, tenemos que mantener en mente que dudar de uno mismo es un hábito - nada más. Y no importa de dónde viene, siempre es posible que te liberes de esto eliminando las creencias limitantes y construyendo mejores hábitos.

Como dudar de uno mismo te mantiene estancado

En un punto u otro, nos cuestionamos si lo estamos haciendo lo suficientemente bien o si somos capaces de enfrentar todas las incertidumbres que podrían aparecer mientras crecemos. Podemos experimentar sentimientos de duda sobre nuestras decisiones y elecciones previas que hicimos, o simplemente sentimos que no somos lo suficientemente buenos.

El origen de dudar a menudo es la falta de confianza o el sentimiento de que somos incapaces de hacer cosas que necesitamos hacer. Dudar de uno mismo está generalmente relacionado con la incertidumbre sobre cosas que no podemos controlar o preocuparnos por cosas que no van de acuerdo a lo planeado.

Habiendo dicho eso, un cierto nivel de duda es de hecho saludable porque demuestra que entiendes como puedes mejorar para hacer un mejor trabajo. Sin embargo, un sentimiento de constante miedo y la duda puede tener un impacto negativo masivo en tu vida.

Veámos un ejemplo:
El jefe de Alex le ha dado una tarea importante porque piensa que Alex es la persona más adecuada para el trabajo.

Pero en lugar de tomárselo como reconocimiento a su desempeño laboral, Alex empieza a entrar en pánico.

. . .

Él entra en pánico por pensar en si es capaz de entregar excelentes resultados en esa tarea. Está preocupado de que hará el ridículo al no tener un buen desempeño. Alex pasa tiempo estresado sobre cada una de las decisiones que debe tomar y visualiza cómo las cosas podrían salir mal.

Como resultado, el miedo jugará un gran papel y a menudo conducirá a la procrastinación. Por eso mismo, la gente tiende a retrasar su trabajo y se siente desmotivada.

Como consecuencia, Alex entrega su trabajo al último minuto, y por supuesto, tiene el sentimiento de que podría hacer algo mejor que eso.
   Existen muchas razones detrás de dudar de uno mismo. Veámos más de cerca algunas de ellas:

1.- **Experiencia pasada y errores**
   Las experiencias pasadas pueden jugar un gran rol en cómo reaccionamos a ciertas situaciones. Es especialmente verdad si has tenido malas experiencias antes, como estar en una relación abusiva o ser despedido sin una razón válida. Nuestra salud mental puede sufrir un gran impacto en dichos casos.

. . .

Las experiencias pasadas pueden influir en nuestras creencias. Sin embargo, es importante recordar que tienes que aprender de los errores y experiencias pasadas y no desperdiciar tu tiempo pensando en ellos.

2.- **La niñez, la crianza y paternidad**

La mayoría de nuestros hábitos son formados durante nuestra niñez, y la crianza juega un papel importante en eso.

¿Recuerdas la historia de Pablo y su madre, quien constantemente lo regañaba? Si fuiste criados por padres que siempre te dijeron que no eras suficientemente bueno o fuiste a una escuela donde los estudiantes eran juzgados duramente en sus calificaciones, no es sorprendente que pudieras haber desarrollado ya el hábito de cuestionarte a ti mismo.

3.-**Comparandote con otros**

Es bastante común compararnos con otros porque vivimos en un mundo competitivo.

Tendemos a comparar nuestro desempeño laboral con el de los colegas, comparamos nuestros éxitos, nuestra apariencia, e incluso nuestras pertenencias con la de los demás, ya sea en la vida real o en el mundo abrumante de las redes sociales. Es fácil para nosotros enviar las vidas de otras personas y pensar que no estamos haciendo las cosas lo suficientemente bien, o al menos tan bien como ellos.

Cuando te estás comparando con otros sobre lo que ellos tienen y lo que a ti te hace falta, empezarás a perderte a ti mismo.

4.- **Nuevos desafíos**

Es bastante común sentirse abrumado por la duda cuando se presentan nuevos desafíos porque no tenemos experiencia en cómo reaccionar o qué cosas necesitamos hacer. El sentimiento de incertidumbre e inseguridad naturalmente te hará sentir incómodo.

5.- **El miedo al fracaso y al éxito**

Incluso entre gente exitosa, el éxito anterior puede convertirse en mayor miedo porque podrían pensar que han alcanzado su punto máximo, y eso es lo mejor que ellos pueden entregar y que ellos no producirán nunca nada que sea igual de bueno.

. . .

Habiendo dicho eso, es tiempo de darle un vistazo a la confianza y su relación con la creencia.

Confianza y creencia

En resumen, la confianza es como tal creer en uno mismo.

Es la creencia la que es capaz de enfrentar los desafíos de la vida y tener éxito - y tiene la voluntad de actuar en consecuencia. Con el fin de tener confianza, es importante tener un sentido realista de tus capacidades y tener un sentimiento de seguridad en ese conocimiento.

La autoconfianza es la convicción de que puedes confiar en tu propio criterio y habilidades. Es la realización de que te valoras a ti mismo y te sientes digno, a pesar de cualquier imperfección o de lo que otros puedan pensar de ti.

Como se mencionó previamente, dudar es el resultado de las creencias limitantes.

Como consecuencia, la autoconfianza es desarrollada construyendo y manteniendo creencias fundamentalmente empoderantes.

. . .

La autoconfianza es importante en cada aspecto de nuestras vidas; sin embargo, muchas personas luchan para encontrarla.

Desafortunadamente, esto se puede convertir en un círculo vicioso: la gente que carece de autoconfianza son naturalmente menos probables de alcanzar el éxito que a su vez podría darles más confianza.

La autoconfianza es la clave para vivir una vida feliz y completa. Veámos algunos beneficios que la autoconfianza puede brindar. Puede parecer bastante obvio; sin embargo, entender estos beneficios es un paso importante a la manera de vivir tu mejor vida con confianza.

Menos miedo y ansiedad

Mientras más confianza tengas, más fácil será para ti superar tu voz interna que dice "Yo no puedo hacerlo".

Serás capaz de descartar los pensamientos negativos y hacer lo que se necesita hacer.

. . .

Si has experimentado la duda, probablemente conoces la meditación, o la tendencia a reflexionar sobre las preocupaciones y posibles errores, y constantemente pensar sobre lo que pudiera salir mal. Reflexionar demasiado conlleva a la ansiedad y la depresión, y eso puede hacernos retirar del mundo. Sin embargo, reemplazando la duda por la confianza, serás capaz de romper el ciclo de sobre pensar y tu diálogo interno bastante negativo.

Mayor motivación

Generar confianza se logra dando pequeños pasos que dejan una sensación duradera de logros. Si alguna vez has dominado alguna habilidad, aprendido un idioma, mejorado tu físico, o superar reveses para alcanzar tus objetivos, estás en buen camino.

Podrías estar pensando, ¿qué tiene que ver con algo ahora? Sí, probablemente estuviste orgulloso de ese 10 en matemáticas en la preparatoria, pero eso realmente no importa ahora, ¿o sí? Si miras hacia atrás en cualquier logro significativo en tu vida, verás que tomó mucho esfuerzo y perseverancia llegar ahí. Si pudieras superar los reveses y alcanzar tus metas de ese entonces, puedes hacerlo ahora en otras áreas de tu vida donde sientes que dudas de ti mismo.

. . .

Mientras tu confianza crezca, encontrarás mayor motivación para expandir tus habilidades. Por supuesto, algunos negativos "Y si" pensamientos pueden aún surgir: "¿Y si fallo?" "¿Y si no tengo lo que se necesita?". Pero con un nivel incrementado de autoconfianza, aquellos pensamientos no te limitarán más. En su lugar, serás capaz de hacerlo y actuar de cualquier manera, sintiéndote energético mientras progresas alcanzando las metas que son importantes para ti.

Más resiliencia

La confianza proporciona las habilidades y métodos para afrontar los reveses y fracasos. La autoconfianza no garantiza que no fallarás por supuesto. Pero te da la convicción de que puedes manejar desafíos y no paralizarse por ellos. Incluso cuando algo no va de acuerdo al plan y las cosas no resultan como se esperaba, serás capaz de evitar pensar en ello y castigarte.

Mientras te mantengas expandiendo tus habilidades y tratar nuevas cosas, empezarás a entender verdaderamente cómo puedes aprender de fracasos y errores.

Además, aceptando los errores como parte de la vida, de hecho tendrás más éxito - simplemente porque no tendrás que esperar más por todo para ser absolutamente perfecto antes de que puedas hacer algo. Mientras más oportunidades tomes, más probable es que tengas éxito.

Relaciones mejoradas

Mientras más confianza tengas, menos enfocado estarás en ti mismo. Puede parecer contradictorio, pero es cierto. La gente tiende a pensar que otros están constantemente mirándolos y juzgándolos. En realidad, las personas tienen sus propias preocupaciones y están atrapados en sus propios pensamientos la mayoría del tiempo. Cuando salgas de tu propia cabeza, serás capaz de comprometerte genuinamente con otros.

Disfrutarás más tus interacciones porque no estarás preocupado por ti mismo. No te importará que tipo de impresión estás dando, y dejarás de compararte con otros.

Tu estado relajado te ayudará a poner a otros a gusto y te permitirá construir conexiones más profundas.

La autoconfianza puede también ayudar a desarrollar una empatía más profunda.
    Cuando estás menos enfocado en ti mismo, es más

probable que lo notes, por ejemplo, tu cita parece estar deprimida, o que tu amigo en la esquina parece que necesita un hombro para llorar. Cuando no te estás ahogando en tus propias dudas, puedes ser la persona que se acerca para ayudar a los demás.

Un sentido más fuerte de tu yo auténtico

Finalmente, la confianza te ayuda a encontrar tu verdadera identidad. Con la autoconfianza serás capaz de aceptar tus debilidades y desventajas, sabiendo que no cambian tu propio valor. También serás capaz de celebrar tus puntos fuertes y usarlos de manera más efectiva.

Tus acciones estarán alineadas a tus principios y valores, dándote un mayor sentido de propósito. Serás capaz de levantarte y hablar por ti mismo. En otras palabras, serás capaz de dejar salir una mejor versión de ti mismo. Probablemente te estás preguntando cómo puedes construir autoconfianza. La respuesta es bastante simple, construir la autoconfianza es cuestión de cambiar tus creencias sobre ti mismo. Pero primero, es necesario establecer cuáles creencias están limitándote y necesitan ser cambiadas. Así que, pasemos a identificar las creencias que te limitan.

2

Identificando creencias limitantes

Antes de que puedas identificar las creencias que te limitan, es necesario establecer lo que realmente las creencias limitantes son. Una creencia limitante es un estado mental, es una convicción que piensas que es verdad que te limita de alguna manera. Esta creencia limitante puede ser sobre ti o tus interacciones con el mundo de afuera y otras personas.

¿Alguna vez has tenido pensamientos como "No soy bueno bailando" o "Le tengo miedo al agua, nunca aprenderé a nadar"? Estos son ejemplos de creencias limitantes que te están sosteniendo y a menudo definiéndote falsamente.

No es una sorpresa que las creencias limitantes pueden tener una variedad de efectos negativos en ti. Te impiden tomar nuevas oportunidades, tomar buenas decisiones, expandir tus habilidades y alcanzar tu máximo potencial.

Considerando todo eso, las creencias limitantes te mantienen atrapado en un estado mental negativo e impiden vivir tu vida al máximo.

Las causas de las creencias limitantes

Ahora que entiendes lo que es una creencia limitante, es tiempo de darle un vistazo de lo que las causan. Veamos de dónde pueden provenir y cómo pueden influenciar tus decisiones en la vida.

Algunos sostienen que la gente es inherentemente cerrada de mente, ya que nuestros prejuicios internos hacen que sólo deseemos y aceptemos información positiva y agradable.

Sin embargo, existen otras cosas que causan las creencias limitantes, aparte de los prejuicios internos y nuestra inherente habilidad de ser abiertos de mente. Aquí hay algunos con los que te podrías identificar, tal vez.

Las creencias familiares

. . .

Nuestros padres tienen moral y valores que tratan de inculcar en nosotros desde una edad temprana. Ellos a menudo lo originan de las propias creencias e ideas de sus familias acerca de cómo tú y el mundo debe ser.

Por ejemplo, son cosas como qué camino debes tomar, cómo debes comportarte y comprometerte con otros.

Como consecuencia, puedes terminar formando tus propias creencias limitantes basadas en las creencias que tus padres trataron de inculcarte. Por ejemplo, tus padres pudieron reforzar una creencia que la autoridad nunca debe ser desafiada.

Como resultado, creerás que el trato justo de la gente de autoridad es algo que tiene que ser aceptado y nunca opuesta o desafiada. Puedes incluso ser incapaz de reconocer este comportamiento, considerando que sea la norma.

Educación

La educación contribuye a la formación de creencias limitantes. No importa de quién estés aprendiendo: familia, maestros, o amigos - todos ellos tienen un impacto en lo que aceptas como verdad. Esto es porque ellos tienen una posición de autoridad y constantemente transmiten información, ideas y creencias sobre cómo el mundo trabaja.

Cuando estás aprendiendo de dichas figuras de autoridad a quienes respetas, naturalmente estás inclinado a creer las cosas que ellos te enseñan y las aceptas como verdad.

Experiencias

Cuando tomes decisiones, es natural para ti sacar conclusiones después. Si, por instancia, te enamoras y terminas con el corazón roto, probablemente concluirá que el amor no siempre termina bien.

Estos tipos de experiencias negativas pueden jugar un gran rol moldeando tus creencias limitantes. Es importante recordar después de que las conclusiones que sacas después de que las experiencias negativas sucedan solo son válidas temporalmente, y es probable que apliquen en esta situación particular y no en general.

Lógica defectuosa

Cuando tomamos decisiones, hacemos las llamadas estimaciones de "retorno de la inversión". Muy a menudo fácilmente concluimos que el tiempo invertido, esfuerzo, y dinero será insuficiente, y que las posibilidades de tener éxito son bajas y las posibilidades de fallar son altas. El retorno puede ser incluso negativo ya que podríamos sufrir pérdidas o alguna clase de daño.

Las personas toman muchas decisiones equivocadas, a menudo basadas en estimaciones pobres de posibilidades. Nosotros tomamos un poco de información, a veces sin contexto, y lo aplicamos a todo. Reflexionamos sobre nuestras decisiones que están más basadas en esperanzas y miedos subconscientes que en la realidad.

Excusas

Una de las razones por las utilizamos una lógica defectuosa y creamos creencias limitantes es para excusarnos a nosotros mismos de lo que consideramos que son nuestros fracasos.

Cuando hacemos algo y no funciona como esperábamos, tendemos a explicar nuestro fracaso formando y aplicando creencias limitantes que justifican nuestras acciones y nos dejan libres de culpa. Pero cuando hacemos eso, no aprendemos de los errores y fracasos, encontrando en su lugar excusas. Y como consecuencia, a menudo podemos arrinconarse, limitando nuestro proceso de pensamiento y acciones en el futuro.

Miedo

Las creencias limitantes son a menudo impulsadas por el miedo. Las creencias limitantes son alimentadas por el miedo de que si vamos en contra de ellas, nosotros o alguien más puede ser dañado de alguna manera.

Nuestras decisiones a menudo tienen un fuerte componente social y el pensamiento crítico, ridículo o rechazo por otros es suficiente para limitarnos. También les tenemos miedo a que podemos ser dañados por un descuido o por otros, así que evitamos hacer ciertas cosas e interactuar con algunas personas o podemos tratar de apaciguarlas.

Habiendo dicho eso, veámos algunos prácticos ejemplos de creencias limitantes.

Ejemplos de creencias limitantes

Las creencias limitantes son los pensamientos o convicciones profundamente inculcados en tu cerebro que te retienen de alguna manera. Estas creencias te hacen evitar hacer algunas cosas. Como resultado, te limitan en diferentes aspectos de tu vida. Las creencias limitantes son las historias que te dices a ti mismo para justificar jugar de forma segura y contenerse ante el miedo.

. . .

Antes de que continuemos identificando creencias limitantes, veámos algunos prácticos ejemplos. Tal vez te puedas relacionar con alguno de ellos.

1.- **No soy lo suficientemente** _____

Bueno, rico, atlético, alto, atractivo, exitoso, no importa cómo rellenar ese espacio en blanco, te está limitando de alguna manera. Tal vez encuentres excelentes oportunidades de trabajo, pero ni siquiera te preocupas en aplicar porque piensas que no eres lo suficientemente bueno.

O piensas que no eres suficientemente exitoso para asociarse con cierto grupo de personas, así que continuamos caminando cada vez que los ves. O no puedes empezar a ponerte en forma porque piensas que no eres lo suficientemente atlético, así que no tiene sentido incluso empezar.

Estas creencias limitantes sobre tu valor te impiden hacer cosas que quieres hacer. Digamos que ves a un grupo de corredores en un sábado por la mañana o personas jóvenes patinando en el parque. Probablemente piensas que nunca podrías hacerlo. Este diálogo interno es causado por las creencias limitantes. Este diálogo interno negativo es lo que impide que tomes acción y hacer las cosas realidad en muchas áreas de tu vida.

. . .

2.- **Soy un** _____

A menudo tendemos a definirnos por nuestra profesión, lo que termina dictando lo que somos y lo que no somos.

Por ejemplo, puedes pensar: Soy un especialista en Recursos Humanos, lo que es igual a: No soy una ejecutivo de publicidad, así que no debería pensar en esa área de negocios.

Solo imagina cómo limitarte de esta manera podría impedirte expandir tus habilidades, lo que a su vez lleva a menudo a venderse en corto.

Normalmente nos limitamos sin siquiera considerar que todos podemos tener múltiples talentos. Cuando te enfocas solo en tu área primaria de expertis, estás descuidando otras áreas en las que tienes fortalezas y podrían potencialmente convertirte en exitoso. Toda esta creencia limita tu crecimiento profesional.

3.- **No puedo** _____

Esta es una de las creencias limitantes más comunes, especialmente para la gente que no tiene la mentalidad en crecimiento. No estás acostumbrado a hacer algo, así que lo descartas por que "no es lo tuyo".

Sin embargo, mientras piensas que no puedes bailar, cantar o hablar enfrente de una audiencia, primero considera cuánto esfuerzo tienes que poner adelante para el intento.

Considerando que ya crees que no puedes hacer esas cosas, entonces supongo que no mucho.

Pueden haber muchas cosas que no sabes cómo hacer, pero si no tienes la voluntad de aprender, te estás limitando a ti mismo de explorar todo tu potencial. Solo piensa cómo tu vida cambiaría si pudieras eliminar esa creencia.

4.- **Tengo que _____**

Como se mencionó previamente, los padres intentan inculcar sus valores y creencias en sus hijos desde una temprana edad. Por lo tanto, muchas personas tienden a vivir de acuerdo a su familia o normas culturales, valores y otras reglas potencialmente restrictivas. En algunas culturas los matrimonios son arreglados y las decisiones de cómo vivir tu vida son tomadas por ti. Para aquellos que crecieron en el mundo occdental, esas creencias pueden parecer extremadamente limitantes. Pero para la gente de otras culturas esas prácticas son consideradas para ser la norma, ellos a menudo ni siquiera lo piensan dos veces.

Sin importar de qué origen provengan, probablemente has visto esta creencia limitante realizarse a una escala más pequeña. ¿Alguna vez has pensado en cómo la gente a tu alrededor te juzgaría si actúas como tu verdadero ser y no te conformaras de ninguna manera?

Por ejemplo, digamos que creciste en una familia donde tus padres y abuelos fueron doctores por muchas generaciones - una especie de dinastía médica. Es esperado que tú te conviertas en un doctor también después de graduarse del alma máter de tus padres. Pero, ¿qué pasa si tu pasión es perseguir una carrera de música en su lugar? Tu creencia de que tienes que convertirte en doctor porque todos fueron doctores en tu familia por demasiadas generaciones causará que vivas una vida con falta de autenticidad.

5.- **No tengo** _____

- tiempo
- dinero
- recursos

- conocimiento
- apoyo
- motivación

Digamos, por ejemplo, no tienes suficiente dinero para regresar a la escuela. La matrícula es costosa y los costos de la vida diaria tienen que ser respaldados a través de un trabajo u otra fuente de ingreso. Es por eso que, la gente a veces ni siquiera considera sus opciones de regresar a la escuela y decide quedarse en un trabajo que les parece insatisfactorio.

Otro ejemplo común de esta limitante creencia es pensar que no tienes tiempo para ponerse en forma o ejercitarse.

Tal vez hay mucho trabajo o los horarios de tus hijos están llenos y encontrar una hora para hacer ejercicio es una faena. Pensar de esa manera es limitante porque no te estás permitiendo encontrar un tiempo para ti mismo. Estás pensando que no tienes tiempo para eso, a pesar de que nunca has intentado sacar tiempo para ti. como consecuencia, estás confinado a tu entorno actual porque es lo más fácil de hacer.

6.- **A otras personas no les agrado**

Nuestras creencias acerca de otras personas e interacciones con ellos pueden ser tan limitantes como nuestras creencias sobre nosotros mismos. Puedes haberte encontrado en una situación desagradable una vez en un ambiente social, y luego creaste una creencia de que no le agradas a nadie. Cuando en realidad, las personas realmente ni siquiera te conocen y no han formado ninguna clase de opinión sobre ti.

Pero considerando que ya crees que a la gente no le agradas, probablemente no vas a buscar amistades, asociaciones o cualquier tipo de relación con ellos de ninguna manera, que en gran medida inhibe tus posibles experiencias de vida. Esta creencia también afectará tu autoestima de una manera negativa, especialmente si crees que las opiniones de otras personas sobre ti tienen más valor que la opinión que tienes sobre ti mismo.

7.-**No lo merezco**

Esta creencia limitante puede referirse a prácticamente cualquier cosa: un aumento, un ascenso, o tal vez, puedes pensar que no mereces ser feliz en la vida. Si a menudo te dijeron que no merecías cosas durante tu niñez cuando estabas creciendo, es posible que sientes que aún no mereces cosas durante tu adultez. Es posible que sientas que no eres el "tipo" de persona que merece ser exitoso o tener cosas buenas.

. . .

Y esta creencia ciertamente te mantendrá deprimido e impedirá que tomes acciones para obtener las cosas que quieres.

Esto puede desarrollarse aún más en otra creencia limitante que puede ser un gigantesco obstáculo para el éxito. Es la creencia de que otras personas vienen primero y tus necesidades pueden esperar. Como todo en la vida, puede ser dañino llevar esta creencia al extremo de ambos lados, pensando en que siempre vas de último o siempre vas de primero. Pero creer que debes ser el que sirve a otras personas es una obstrucción muy grande en tu camino hacia la búsqueda del éxito para ti.

Creer que no mereces ciertas cosas en la vida te impedirá aspirar a obtener lo que deseas.

8.- Saldré lastimado si me enamoro

Tener miedo al rechazo a menudo conduce a creer que salir lastimado es inevitable, impidiendo así que seas más abierto. Naturalmente, si has experimentado una ruptura dolorosa, posiblemente creas que todas las relaciones terminan de esa manera. Además, si has crecido en un hogar roto o visto a tus padres pelear demasiado, puede hacerte creer que las relaciones son estresantes y es más fácil solo evitarlas.

. . .

No importa cuales son tus creencias, prohibirte a ti mismo involucrarte en cualquier tipo de relación romántica te impedirá compartir tu vida con otra persona y disfrutar de todas las cosas buenas que puedan surgir de estar en una relación.

9.- **No debería quitarle nada a otras personas**

Algunas personas creen que existe una cantidad limitada de bienes en el mundo para todos. Piensan que existe una cantidad limitada de dinero, éxito y felicidad en el mundo para ser dividido entre toda la población mundial. Como consecuencia, algunas personas creen que si nosotros tenemos más, entonces alguien más sufrirá de tener menos.

Esto no es cierto, por supuesto, pero si crees que lo es, actuarás de acuerdo a esta creencia. No te atribuyas el mérito de quien se lo merece y no te esforzaras por las cosas que deseas. Limitan tu éxito, tus experiencias, y tu habilidad de vivir una vida plena.

Aquí hay algunos ejemplos comunes de creencias limitantes.

Tal vez fuiste capaz de relacionarte con algunos de ellos.

. . .

Ahora es tiempo de echarle un vistazo a las creencias limitantes que te están frenando.

Hablemos de las maneras en que puedes hacer un poco de autorreflexión e identificar tus creencias limitantes.

Cómo identificar tus creencias limitantes

Existen numerosas maneras que te pueden ayudar a identificar tus creencias limitantes. La mayoría de ellas requieren autorreflexión. Antes de continuar con cómo se identifican estas creencias, primero es esencial averiguar qué es lo que quieres. Determinar tus metas y objetivos que te gustarían alcanzar. Es posible que hayas estado trabajando hacia estas cosas por semanas, meses e incluso años, pero por alguna razón has sido incapaz de alcanzarlas.

Sucede porque probablemente tienes un conjunto de creencias limitantes que te están deteniendo. Por ahora, no nos preocupemos por estas creencias. Primero, es importante aclarar qué es lo que quieres. Hazte las siguientes preguntas:

- ¿Qué es lo quiero?
- ¿Qué metas quiero alcanzar?
- ¿En qué tipo de persona me quiero convertir?
- ¿Por qué quiero todas esas cosas? ¿Cuáles son los beneficios?

Mientras más razones encuentres para alcanzar ciertas metas, más motivación tendrás para empujar hacia adelante para alcanzar el éxito.

Y para poder cambiar, necesitas encontrar la motivación necesaria para hacer este cambio primero. Es por eso que, es esencial que descubras exactamente por qué quieres alcanzar estas metas y los beneficios que recibirás alcanzandose.

Antes de continuar, mantén en mente que todas las creencias son neutrales. Por ejemplo, es posible que compartas una creencia con otra persona. Esta creencia podría funcionar para ti en tu situación; sin embargo, no funcionará para la otra persona en sus circunstancias.

Además una determinada creencia puede funcionar para ti en una situación, pero no en otra. De este modo, depende de la situación y de la persona que sostiene una creencia en particular.

Habiendo dicho eso, aquí hay una guía paso por paso para identificar las creencias que te limitan:

1.- **Identifica tus creencias**

Con el fin de identificar creencias limitantes, tienes que averiguar cuáles son las creencias que tienes en general, y luego determinar cuáles son las que te limitan de cierta manera. Empieza escribiendo tus creencias generales.

Escribe cualquier creencia que tengas muy arraigada y que influye en tu día a día.

Puedes clasificarlas en diferentes categorías, como la familia, relaciones, carrera, finanzas y salud.

Una vez hayas escrito las creencias generales, échale un vistazo más de cerca a todas y cada una de ellas y determina las que te están ayudando a progresar y las que podrían estar limitándote.

Cuando examines tus creencias, mantén en mente que tan útil es una creencia en tu situación en particular en relación a las metas que estás tratando alcanzar. Si te ayuda y apoya en alcanzar esas metas - entonces quédate con ella. Pero si no ayuda y obstaculiza tu progreso - esto es obviamente una clara indicación de que estás lidiando con una creencia limitante.

. . .

2.- **Examina tu comportamiento**

Otra estrategia para identificar creencias limitantes es evaluar tu comportamiento. Piensa en situaciones donde has actuado de manera negativa y piensa en por qué pasó de la manera en la que pasó. En muchos casos, si examinas comportamientos tóxicos, podrías describir que son ante todo causadas por creencias limitantes.

Por ejemplo, si te parece difícil decir lo que piensas después de que alguien te ofendió, posiblemente tienes la creencia que el conflicto es malo. Lo que a su vez podría hacerte más de mente cerrada e impedirte tener verdaderas relaciones íntimas, ya que no eres capaz de abrirse y decir lo que piensas y tener una confrontación saludable.

Las creencias limitantes a menudo pueden esconderse más allá de la conciencia. Sin embargo, existen señales clave que pueden proveerte las pistas que necesitas para identificar esas creencias limitantes. Esas señales clave se vuelven evidentes cuando confrontas obstáculos y desafíos en el camino a tus metas.

No es sorprendente que se convierta increíblemente difícil y, en algunos casos, imposible de superar obstáculos y problemas cuando las creencias limitantes están ocupando un espacio en tu cabeza. Por ejemplo, las creencias limitantes pueden potencialmente manifestarse de las siguientes maneras:

- Cuando te preocupas de cometer errores o el riesgo de fallar.
- Cuando te preocupas sin ninguna razón aparente.
- Cuando te inclinas hacia la procrastinación en lugar de hacer las cosas.
- Cuando pones excusas.
- Cuando te quejas de las cosas.
- Cuando haces suposiciones y/o saltas a conclusiones.
- Cuando dudas y/o tienes miedo.
- Cuando empiezas a pensar en pensamientos negativos.
- Cuando te diriges hacia hábitos inútiles
- Cuando tu voz interna habla de maneras limitantes e inútiles.
- Cuando te entregas al perfeccionismo, que te impide terminar o incluso empezar algunos proyectos.

4.- Determina y escribe las áreas donde te sientas desafiado

. . .

Si constantemente te estás enfrentado a desafíos en algunas áreas en tu vida - la razón de eso podrían ser las creencias limitantes.

Tal vez no puedes conseguir un trabajo bien pagado o no has tenido éxito en el amor. Esos desafíos son a menudo el producto de creencias limitantes que adoptaste y aceptas como verdad.

Mientras enumera las áreas donde te sientes desafiado y los desafíos que tienes que enfrentar, toma nota de la creencia que podría estar ligada a esos desafíos. Por ejemplo, si siempre estás teniendo problemas para ganar el dinero suficiente, examina tus creencias sobre el dinero y lo accesible que es para ti.

Manteniendo esto en mente, escribe todas las creencias limitantes que te vienen a la mente mientras trabajas para alcanzar tus metas. Las creencias que te vienen a la mente cuando solo estás pensando en tus metas se aplican también.

Podrías estar pensando en alguna meta en particular, y mientras piensas en ello es posible que experimentes una sensación de resistencia. Mientras más resistencia interna sientes, más creencias limitantes están yaciendo latiente justo debajo de la superficie de la conciencia.

Por ejemplo, podrías tener como meta ganar algo extra de dinero, digamos $100, 000 al año. Pero cuando empiezas a pensar en ello, empiezas a experimentar un sentimiento de incertidumbre. Esto es exactamente donde encontrarás tus creencias limitantes. Necesitas traer esas creencias limitantes a tu conciencia. Para lograrlo, debes hacerte estas preguntas:

- ¿Qué resistencia siento por dentro cuando pienso en lograr esta meta?
- ¿Por qué no puedo superar los desafíos para alcanzar mi meta?
- ¿Qué me está reteniendo?
- ¿Qué es exactamente lo que se está metiendo en el camino?
- ¿Qué excusas tengo y por qué las puse?
- ¿De qué me quejo y culpo a los demás?
- ¿Por qué específicamente esto es difícil y qué es lo que me detiene?
- ¿Qué es lo que espero deba pasar y qué pasa en realidad? ¿Por qué existe una discrepancia aquí?
- ¿Cuáles son las creencias limitantes que me están reteniendo?
- ¿Cómo estás creencias limitantes me están manteniendo lejos de alcanzar mis metas?

5.- Conocimiento de que estas son creencias, no verdades

Este paso puede ser difícil, pero es el más importante.

Probablemente pienses que tus limitaciones son reales. Aquí es donde tienes que tomar una decisión. ¿Quieres defender tus limitaciones o alcanzar tus metas? Esa es tu decisión, después de todo.

Recuerda que las creencias limitantes son las suposiciones que haces sobre la realidad y no necesariamente son verdad. A menudo están hechas en ausencia de evidencia y no representan la verdad. No son útiles y no te ayudan a alcanzar las metas que quieres lograr.

Ahora que has hecho una lista de tus creencias limitantes, es tiempo de continuar cambiando tu manera de pensar y superar dichas creencias reemplazandolas con nuevas creencias empoderantes y fundamentales.

3

Superar las creencias limitantes
TU REALIDAD ES CREADA POR TUS CREENCIAS

Una creencia es un pensamiento que hemos pensado muchas veces una y otra vez - tanto es así que se ha establecido la manera en la nos vemos a nosotros mismos y la manera en la que pensamos que otras personas nos ven.

Cuando pensamos en un pensamiento por primera vez - una nueva conección en nuestro cerebro es creada. Es débil al principio, pero cuando continuamos pensando en el mismo pensamiento una y otra vez, la conexión se vuelve fuerte y más fuerte. Este fenómeno en la Neurociencia, es llamada neuroplasticidad, significando que la estructura física de nuestro cerebro de hecho cambia como resultado de los pensamientos que tenemos.

Es importante recordar que el pensamiento original ni siquiera tiene que ser verdadero para que esto suceda.

. . .

Nuestro cerebro naturalmente ama estar en lo correcto, así que una vez que se tiene una idea, se distorsionará, descarta y generaliza toda la información que se recibe para construir y reforzar lo que ya se ha decidido. Recibimos una vasta cantidad de información cada día y todos los días, así que nuestro cerebro tiene que filtrar la información que entra o de lo contrario se sobrecargan. Como consecuencia, clasifica y selecciona la información que está en línea con las creencias existentes y descarta el resto.

Hemos discutido cómo una mala educación y paternidad puede inculcar creencias limitantes a una temprana edad.

Pero imaginemos una situación opuesta por un momento.

¿Qué podría pasar si tuviéramos padres que te apoyen increíblemente y maestros que nos dieran aportes positivos sobre nosotros? En este caso, nuestras creencias pueden formar una increíble y poderosa plataforma para el éxito y la felicidad. Hay demasiada información acerca de la mentalidad en crecimiento, que abarca creencias como estas:

- Puedo aprender lo que sea si me esfuerzo.

- Tengo la habilidad y paciencia para ver problemas y encontrar una solución.
- Tengo la capacidad para llevar a término los proyectos.
- Puedo llevarme bien con la gente.

Pero desafortunadamente, la mayoría de nosotros tenemos algunas clases de creencias limitantes, y como resultado de eso nuestro diálogo interno negativo puede a menudo sabotear nuestros intentos para triunfar.

Cuando era un niño, mi maestro, a quien respetaba, una vez me dijo que debo tener más confianza en mis habilidades. Tuvo las mejores intenciones en la mente; sin embargo, esto tuvo un efecto totalmente opuesto. Me hizo enfocarse en los casos en los que me faltaba confianza en mí mismo e ignorar las veces cuando realmente actuaba con confianza.

Pronto empecé a pensar que me faltaba mucha autoconfianza porque mi cerebro estaba enfocándose en toda la información que respalda esta creencia y descarta cualquier cosa que probara lo contrario.

Situaciones como esta pueden conducir a la formación de creencias limitantes, y como resultado, el diálogo interno negativo que de repente surge aparentemente de la nada y empieza a decirte algo negativo sobre ti. Hemos hablado sobre algunos ejemplos de creencias limitantes, pero aquí algunas más:

- No soy lo suficientemente inteligente.
- No soy bueno en los deportes.
- No lo merezco.
- A las personas no les agrado.
- Soy desafortunado.
- Soy demasiado joven.
- Soy demasiado viejo.
- Soy raro.
- Tengo una nariz grande.

Las creencias limitantes pueden incluir cualquier diálogo interno que empiece con "tú deberías", "tú debes" o contiene "siempre", "nunca", "gente", "todos", o "nadie".

En este capítulo, descubriremos como eliminar estas creencias limitantes que te están reteniendo.

Es importante recordar que no importan qué creencias hemos acumulado durante nuestras vidas, cuando dirigimos nuestra atención a nuestras creencias y nos damos cuenta que no son necesariamente verdad, podemos identificar las creencias limitantes que nos están reteniendo, aislarlas y darles la vuelta.

Antes de continuar a superar las creencias limitantes, vamos a descubrir cómo iniciar un cambio de mentalidad en preparación para reemplazar tus creencias limitantes con creencias fundamentalmente empoderantes.

Cómo iniciar un cambio de mentalidad

La mentalidad es un conjunto de pensamientos y creencias que moldean tus hábitos de pensamiento. Debido a que tus creencias limitantes son desencadenantes de sentimientos negativos, cambiar tu manera de pensar es el primer paso en el camino hacia la eliminación de las barreras que te impiden alcanzar tus metas y seguir adelante.

Aquí están las cosas más importantes que recordar para iniciar el cambio de mentalidad.

Entender que la decisión es tuya

¿Alguna vez has empezado algo como aprender una habilidad o perseguir tus metas, solo para descubrir que tu entusiasmo desapareció después de que empezaste? Usualmente sucede cuando te das cuenta que la tarea es demasiado difícil y el progreso demasiado lento. No importa la razón, tienes que recordar que la decisión de sentirte estancado depende de ti.

Tienes que eliminar tus creencias limitantes y reemplazarlas con creencias fundamentalmente empoderantes, con el fin de controlar tu vida y avanzar, alcanzar tus metas y finalmente tener éxito.

Puedes hacer esto tomando la decisión y decirte a ti mismo que tienes el poder de hacerlo y actuar de acuerdo a esa creencia.

Recuerda que las creencias limitantes son subjetivas y no son confiables

No importa cuán firmemente creas en algo, no significa que tus creencias limitantes sean verdad. Pueden ser una excusa cómoda. ¿Pero estás interesado en defender tus creencias limitantes o encontrar excusas en lugar de lograr tus metas?

Las creencias limitantes pueden ser útiles y puedes obtener algo de valor de ellas, como estamos a punto de descubrir.

. . .

Sin embargo, por definición estas creencias son limitantes, e inhiben tu habilidad para lograr lo que quieres y mejorar tu vida. Las creencias limitantes son la razón por la que la gente se mantiene trabajando en empleos que odian y se quedan en relaciones tóxicas. Ellas mantienen tus planes en segundo plano y te mantienen abajo. Ellas son el combustible de tu diálogo interno negativo. Pero tienes que recordar que son creencias, no hechos.

Con eso en mente, continuemos con la guía paso a paso de cómo superar las creencias limitantes y reemplazarlas con creencias fundamentalmente empoderantes.

Cómo superar las creencias limitantes

1. **Haz una lista de las creencias que te están reteniendo**

Hemos analizado varias formas que puedes utilizar para identificar tus creencias en general y las creencias limitantes en particular. Ahora toma una lista de todas tus creencias y examinarlas para identificar las creencias que te han frenado. Digamos que imaginas algunas cosas que te gustaría hacer o lograr, pero sientes que algo te está frenando. Eso normalmente apunta a las creencias limitantes. Por supuesto, pueden haber obstáculos reales en tu camino; sin embargo, muchos de ellos pueden ser categorizados como creencias limitantes.

. . .

Una cosa que hay que mantener en mente, en caso de que creas que algo tiene que ser absolutamente perfecto antes de mostrarlo al mundo - puedes añadir perfeccionismo a la lista. Es una creencia limitante común que hace que te preocupes por alcanzar ideas inalcanzables o metas irreales.

Puedes descubrir que la lista de tus creencias limitantes puede ser bastante larga, y está bien.

Tienes que escribirlas todas y luego elige centrarte en aquellas que sientes que te están limitando más. Te tomará un poco de trabajo lidiar con todas las creencias limitantes, pero una vez que ya domines esta técnica, se volverá natural para ti.

Ahora que has compilado una lista de creencias limitantes - pongámonos a trabajar.

2.- Elige una de las creencias limitantes y piensa en un momento cuando no era cierto

A pesar del hecho de que las creencias limitantes a menudo se forman en la falta de pruebas, una vez que una creencia está arraigada en tu mente, comienza a buscar evidencia que lo respalde. Por lo tanto, debemos encontrar evidencia de lo contrario - la contraevidencia.

Puedes pensar en ello como una mesa donde tu creencia es la superficie de la mesa y las patas de la mesa son la evidencia. Una vez que encuentres alguna contraevidencia, remueves una de las patas. La mesa se tambaleará y eventualmente se caerá. De esta manera puedes destruir las creencias limitantes.

Digamos que te hace falta autoconfianza, que pasa muy a menudo. Tienes que preguntarte a ti mismo: ¿hay alguna situación en la que actuaste con confianza?

No tiene que ser algo heróico. Tal vez un extraño te preguntó por alguna dirección y tú lo ayudaste. O hubo una emergencia, e hiciste lo que había que hacer antes de que incluso tuvieras tiempo de pensarlo.

En caso de que no puedas pensar en un ejemplo, pasa el resto del día buscando alguna evidencia que pudiera refutar tu creencia limitante. Busca las cosas más pequeñas que pueden hacerte dudar de la exactitud de esa creencia.

Si no puedes encontrar ninguna contraevidencia - no te preocupes. Puedes continuar con el siguiente paso.

. . .

3.- **Examina cómo esta creencia te ha retenido**

Escribe todas las formas en que piensas que esta creencia te ha frenado - en el trabajo, en las relaciones, tal vez incluso ha dañado tu salud.

El punto de esto es dejar que tu subconsciente sepa que esta creencia no ayuda en nada, y la mejor forma de hacerlo es asociar todo el dolor que puedas. Así que haz tu mejor esfuerzo y piensa en todas las maneras en las que esta creencia te ha frenado de vivir tu mejor vida. Piensa en todas las cosas asombrosas que podrías haber logrado durante el tiempo que has estado viviendo con esta creencia.

Siente el dolor de todas aquellas oportunidades y posibilidades perdidas. No tengas miedo de hacer que duela.

4.- **Échale un vistazo a tu pasado y primero trata de descubrir cuando adoptaste esta creencia**

Puede parecer algo innecesario pensar en el pasado, pero es importante establecer cómo adoptaste las creencias limitantes con el fin de evitar repetir los mismos errores en el futuro.

Trata de recordar lo que te hizo adoptar aquella creencia limitante. Ahora piensa si pudiera haber una interpretación alternativa en aquel momento. Has asociado cierto significado con esa creencia faltante.

Échale un vistazo a la situación desde afuera. Imagina que no eres tú en un momento, si no alguien que está observando. ¿Seguirías interpretando la situación de la misma manera en la que lo hiciste? ¿Seguirías sacando las mismas conclusiones?

Trata de pensar en interpretaciones alternativas y escríbelas.

Ahora repite el evento desde diferentes perspectivas. Debes ver cómo podrías haberle dado un significado diferente a esta situación.

5.- **Piensa en los beneficios que has ganado de esa creencia limitante**

Puede ser difícil y tienes que ser completamente honesto contigo mismo aquí. Es importante entender que las creencias limitantes pueden a veces servir un propósito.

Es importante encontrar aspectos positivos en todas las cosas de la vida. Esto te ayudará a descubrir cómo puedes apreciar tus creencias limitantes y extraer beneficios de ellas de una manera diferente una vez que las has sacado de tu vida. Podemos mirar a las creencias limitantes como errores, pero tenemos que aprender de nuestros errores.

Para hacerlo, escribe los sentimientos que asocias con esta creencia - como la comodidad, la seguridad, la falta de miedo, evitar conflictos, etc. Ahora piensa en otras maneras que puedes obtener esos mismos sentimientos una vez que esta creencia limitante está tratada. Imagina cómo sería si pudieras sentirte cómodo con el malestar. Si te pudieras sentir seguro con la inseguridad. Si ya no le tuvieras miedo al miedo.

Todo depende del significado que le des a ciertas cosas.

Mantén esto en mente y piensa en cuánto tiempo y energía salvarías y dejaras de tratar de evitar todas las cosas "malas".

6.- **Visualiza remover esta creencia limitante**

Has trabajado muy duro para sacar a la superficie tus creencias limitantes, y finalmente, es tiempo de removerlas.

. . .

Puedes hacerlo con el poder de visualizarlo.

Cierra los ojos e imagina que estás parado en una linda playa, mirando las aguas azules del océano. Hay palmas a tu alrededor, y puedes sentir la suave brisa. Te sientes en calma. Estás sosteniendo la creencia limitante en tu mano.

Imagínalo como una tabla de madera con palabras sobre ella, por ejemplo.

Ahora te sientes increíblemente poderoso, infundido en una increíble energía. Sientes una inmensa fuerza pasando por todo tu cuerpo. Estás por agarrar la tabla y tirarla lo más fuerte que puedas. Con todo el poder, la fuerza y energía en tirar esa tabla lo más lejos posible en el océano.

Eventualmente, puedes ver un pequeño chapoteo, demasiado lejos como para notarlo, ves como cae en el agua y se hunde a través de las olas sin dejar rastro.

7.- Ahora piensa en una declaración opuesta a tu creencia limitante, escribela y dila en voz alta.

Ahora, pensar en una declaración opuesta a tu

creencia limitante - esta será tu nueva creencia fundamentalmente empoderante.

Escribela y dila en voz alta. Sin embargo, puede que sea demasiado para comenzar. Puedes empezar con una creencia provisional y subir gradualmente.

Por ejemplo, si tienes sobrepeso, no es totalmente cierto decir "Soy delgado y esbelto". Sabes que en realidad no es así y tu subconsciente sabrá que estás faroleando. En ese caso, puede empezar con "Tengo la fuerza de voluntad para perder peso y tener el cuerpo que siempre quise". Puedes encontrar una declaración en la cual creer y trabajar desde ahí. Asegúrate de que se sienta positivo, certero y verdadero para ti.

Por un momento, intenta volver a tu creencia limitante. Dila en voz alta. ¿Qué sentimientos te trae? ¿Tiene poder sobre ti ahora? Si no te has deshecho de tu creencia limitante - pasa por los últimos dos pasos de nuevo.

8.- **Una vez que se está abordando una creencia, es momento de lidiar con todas las demás.**
Regresa al paso dos y repitelas con todas las otras creencias limitantes.
Este proceso puede ser difícil y no tiene que estar

hecho todo en una sesión. Puedes regresar más tarde y hacerlo en el curso de varios días o incluso semanas.

Con todas las creencias limitantes fuera, es importante recordar que las nuevas descubiertas creencias fundamentales necesitarán mantenimiento. Necesitarás hacer un control de rutina para preservar y mantener esas creencias. Los pensamientos negativos y las creencias limitantes pueden encontrar su camino de regreso en cualquier momento. Cada pocas semanas examina tus creencias y asegúrate que no estás permitiendo que vuelvan otra vez ninguna de ellas. Si encuentras alguna grieta, trabaja en ella hasta que estés satisfecho y todo sea agradable y resplandeciente de nuevo. Después de todo, tu futuro depende de ello.

Cinco creencias empoderantes para reemplazar tus creencias limitantes

Hemos explicado cómo esas creencias tienen poder e influencia en nuestras vidas. Nuestras creencias determinan cómo vivimos nuestra vida. Todos deseamos una vida plena, nadie quiere una vida miserable consumiéndose en la mediocridad. La gente que lleva vidas exitosas y plenas han logrado esto escogiendo las creencias que apoyan y empoderan en su viaje de la vida.

. . .

Has aprendido cómo reemplazar tus creencias limitantes con creencias fundamentalmente empoderantes. Sin embargo, eso no es todo lo que hay que hacer. Así como puedes adoptar creencias limitantes, puedes introducir creencias empoderantes a tu vida sin necesidad de reemplazar nada Después de todo, la decisión es tuya. Aquí hay cinco creencias empoderantes que te ayudarán a alcanzar tus metas y finalmente tener éxito.

1.- **Mis errores pasados no definen mi futuro**

Si los intentos previos en una tarea difícil condujeron al fracaso - no permitas que eso defina tu futuro. La manera de salir de ese círculo vicioso es desarrollar una mentalidad en crecimiento. Es lo opuesto a una mentalidad fija, donde te dices a ti mismo qué es lo quieres y sólo puedes hacer lo que puedes hacer.

2.- **Puedo manejar lo que sea que ocurra**

Si piensas que puedes hacer algo - lo puedes hacer. Si piensas que no puedes - hay muchas probabilidades de que nunca alcances tus objetivos.

Esta creencia de que puedes hacer algo es lo que pone tu mente y energía a hacer esfuerzos para lograr tus objetivos. Es lo que te da motivación y te mantiene activo pase lo que pase.

. . .

Un panorama positivo y creer en ti mismo puede ayudar a superar muchos pensamientos negativos y dudar de uno mismo que tú podrías tener sobre tu trabajo, carrera, relaciones y últimamente tu éxito.

3.- **Fracasar es un maestro sabio**

El miedo al fracaso es una de las razones principales por las que la gente evita abordar nuevos desafíos y se mantiene estancada en sus vidas. Tienes que darte cuenta que no hacer algo del todo bien en el primer intento solo significa que puedes intentarlo de nuevo y hacerlo mejor. Recuerda, ya has encontrado una manera que no funcionó, así que ahora puedes intentar desde un acercamiento diferente.

Además de esto, la gente a menudo no ve lo que puede ganar con la experiencia. Podría ser una idea útil sobre cómo funcionan las cosas que te permitirá prepararte mejor en la siguiente ocasión. Además, puedes obtener una compresión de las áreas que necesitas mejorar para estar a la altura del desafío en el futuro. Así que la siguiente vez no harás las cosas bien, enfócate en el proceso y en cómo puedes mejorar más, y menos en el resultado.

4.- **Superar obstáculos y afrontar los retos son la prueba del éxito**

Las creencias empoderantes están a menudo basadas en abrazar lo desconocido. Señalan las posibilidades y oportunidades que se te presentan.

Naturalmente, algunas de ellas aparecerán en forma de reto y pondrá tu creatividad y habilidades para resolver problemas, a prueba.

Superar esos desafíos te ayudará a alejarte de los pensamientos negativos. En lugar de insistir en pensamientos negativos, serás capaz de ver los retos como una oportunidad de crecimiento. Este cambio de percepción de los desafíos es esencial para tener éxito.

5.- **Si algo no funciona - intentaré otra cosa.**

Tarde o temprano te puedes encontrar en una situación donde ninguna cantidad de planificación o ayuda de otros podría producir una solución definitiva a prueba de fallos. Si algo no funciona, te puedes sentir atascado, y es natural. Sin embargo, es importante recordar cuándo seguir y cuándo dejarlo.

Te puedes sentir paralizado, el problema se mantiene, y no puedes seguir avanzando. En tiempos como este, necesitas una dosis masiva de coraje y un cambio de mentalidad radical. Si no puedes encontrar la manera de seguir avanzando, tal vez es tiempo de seguir con otra cosa. Podría ser difícil, considerando cuánto tiempo y esfuerzo le has dedicado para llegar a donde estás ahora, pero tienes que continuar sin importar qué. Estar estancado no te ayuda a construir tu camino para alcanzar tus metas.

Si algo no funciona - recuerda lo que has aprendido y continúa a nuevas oportunidades.

Eliminar tus creencias limitantes e introducir nuevas creencias fundamentales empoderantes es solo el comienzo.

Ahora es momento de seguir adelante. Veamos cómo puedes mantener tus creencias recién encontradas y qué prácticas útiles pueden ayudarte en el camino a construir una confianza en uno mismo inquebrantable y vivir una vida plena.

4

Avanzando

El paso más importante para poder eliminar las dudas sobre uno mismo está completo. Has identificado las creencias limitantes que te han frenado todo este tiempo y las has reemplazado con creencias fundamentalmente empoderantes. Esto es una parte esencial en nuestro viaje para construir la autoconfianza y vivir la vida que quieres. Sin embargo, es importante recordar que esto es solo el comienzo.

Has hecho un excelente trabajo - has construido una base sólida sobre la cual puedes empezar a construir el nuevo tú. Por supuesto, existen muchos desafíos por delante, pero serás capaz de superarlos y aprender de ellos con confianza y determinación. Es vital mantener las creencias fundamentales recién encontradas. Aquí hay algunas prácticas que te ayudarán en el camino al éxito.

Enfrenta tus miedos

Todo puede ser bueno en moderación y un poco de miedo es totalmente normal. Después de todo, te impide hacer cosas peligrosas y puede ayudar a escoger opciones más seguras.

Sin embargo, demasiado miedo nunca es bueno. Podrías temer a cosas que no son peligrosas del todo, hablar en público siendo uno de los casos más comunes. Esto, a su vez, puede impedirte aprovechar algunas oportunidades que podrían brindarte un gran éxito.

Existen algunas cosas que puedes hacer con el fin de enfrentar tus miedos. Primero, tendrás que evaluar los riesgos. Luego puedes crear un plan de acción. Esto te ayudará a dejar de evitar tus miedos y en su lugar, enfrentarlos. Sin embargo, primero necesitamos establecer si es necesario enfrentar tus miedos, especialmente si no son parte de tu vida diaria.

Evaluar riesgos

Muy a menudo el miedo proviene de la falta de conocimiento acerca de un tema. Puedes aprender acerca del tema con más detalle. Hay pocos miedo tangibles, por supuesto, como el miedo a hablar en público.

Obviamente, no hay estadísticas que apoyen la evidencia de que no es tan peligroso como podría parecer. Sin embargo, lo que puedes hacer es simplemente practicar.

Aprender estrategias para poder hablar en público e inspírate con las iniciativas exitosas de otras personas para hablar en público. Con práctica y dedicación, serás capaz de mejorar tus habilidades para hablar en público, lo que te hará sentir con más confianza. Con tiempo y práctica superarás el miedo de hablar en público.

Es importante mantener en mente que si algo da miedo, no necesariamente significa que es arriesgado. Puedes superar tus miedos informándote sobre los riesgos que realmente existen al hacer las cosas que te dan miedo.

Crear un plan de acción

Cuando te enfrentas a tus miedos, es crucial dar un pequeño paso a la vez. Yendo con todo y haciendo algo aterrador usualmente tiene el efecto opuesto, haciendo que te aterrorices.

. . .

Es importante ser consistente cuando te enfrentes a tus miedos. Tener algo de ansiedad es totalmente normal.

No tienes que esperar a que tu ansiedad desvanezca completamente antes de tomar acción y avanzar. De lo contrario, puedes encontrarte esperando por un cambio que nunca va a pasar.

Tu plan de acción te ayudará a mantenerte consistente en tu viaje, a enfrentar tus miedos y superarlos. Debe consistir en pasos pequeños gradualmente, llevándote a finalmente hacer cosas a las que antes tenías miedo. Tomemos el ejemplo de hablar en público. Aquí hay una acción de muestra para enfrentar el miedo:

1. Pararse enfrente de un espejo y dar una charla de dos minutos.
2. Dar un discurso de 15 minutos enfrente del espejo.
3. Grabar tu discurso y luego verlo o escucharlo.
4. Practicar dando un discurso enfrente de algún miembro de tu familia.
5. Practicar dando un discurso enfrente de algún miembro de tu familia y un amigo.
6. Practicar dando un discurso enfrente de algún miembro de tu familia y dos o más amigos.
7. Dar un discurso en una junta de trabajo.

. . .

Por supuesto, hay cosas para practicar que asustan. En este caso, puedes usar tu imaginación.

Por qué puede ser peor evitar tus miedos

Cuando evitas tus miedos, le dices a tu cerebro que no puedes soportarlos. Mientras que a corto plazo evitas las situaciones que temes puede hacerte sentir mejor y a salvo, puede causar un incremento de ansiedad a largo plazo. Por otro lado, enfrentar a tus miedos paso a paso te ayuda a disminuir la ansiedad haciendo que tu cerebro se acostumbre al miedo. El cerebro tiene que enfrentarse a una exposición repetida al miedo para poder superarlo.

¿Es necesario enfrentar tus miedos?

Por supuesto, no es necesario derrotar cada miedo que podrías tener. Algunas de ellas no alteran tu vida diaria, como el miedo a los tsunamis cuando vives a miles de kilómetros del océano. Sin embargo, se puede convertir en un problema si vives cerca de la costa. Puedes entrar en pánico cuando escuchas sobre tormentas que están por venir o terremotos, porque piensas que tu vida puede estar en peligro. O tal vez, puedas evitar irte de vacaciones a regiones costeras por el miedo.

Considera lo que tus miedos te están impidiendo hacer y establece si se trata de un problema serio que tienes que confrontar. ¿Tus miedos son los que te impiden vivir una vida plena y hacer lo que quieras?

Puedes adoptar un enfoque similar para abordar las creencias limitantes. Escribe tus miedos y considera las ventajas y desventajas de enfrentar este miedo. Considera las cosas que puedes lograr y cómo tu vida pudiera cambiar si superas tus miedos. Adoptar este enfoque puede ayudarte a establecer qué miedos tienes que enfrentar y cuáles no están afectando tanto tu vida diaria.

Miedos y fobias

Una cosa importante que mantener en mente a la hora de establecer si es necesario afrontar tus miedos es la diferencia entre miedo y fobia. La diferencia clave entre ellas es la fuerza de la respuesta del miedo y su efecto en tu vida diaria. Ambos miedos y fobias causan una respuesta emocional, pero las fobias causan una respuesta que es muy desproporcionada a la amenaza que afecta su vida diaria de manera negativa y limitante. Puede a menudo interferir con la capacidad de alguien para funcionar.

. . .

La mejor manera de superar tus miedos es enfrentarlos de frente; sin embargo, es importante recordar tomar las cosas un paso a la vez. De esta manera serás capaz de superar y dejar atrás a tus miendo en lugar de estar más traumatizado por ellos.

Desafiar tus pensamientos

Una parte de vivir con miedos es tener pensamientos irracionales que no necesariamente tienen sentido. Estos pensamientos a menudo son el peor escenario. Puedes encontrarte atrapado en el círculo vicioso del "y si", que puede retenerte e impedirte alcanzar un montón de cosas en la vida.

Existe un simple método para romper este círculo vicioso.

Cuando experimentes dichos pensamientos, para y pregúntate las siguientes preguntas:

- ¿Es realmente probable que suceda?
- ¿Es un pensamiento racional?
- ¿Esto me ha pasado alguna vez?
- ¿Qué es lo peor que en verdad puede pasar? ¿Puedo manejarlo?

Después de pasar por estas preguntas, serás capaz de replantear tus pensamientos. Ahora que sabes cómo enfrentar tus miedos y si es necesario enfrentarlos en primer lugar, continuemos con otro hábito útil - movimiento que te ayudará a relajarte y calmar tu cuerpo y mente.

Para calmar tu mente y cuerpo - muévete

Enfrentar tus miedos es una excelente manera para reducir la ansiedad y construir más autoconfianza.

Sin embargo, la superación personal constante es la clave para alcanzar tu máximo potencial. Veámos cómo moverse conscientemente puede ayudar a relajar y calmar tu mente y cuerpo para reducir aún más la ansiedad y el estrés.

El hacer mucha actividad física ayuda a quemar hormonas del estrés, como lo diseñó la naturaleza. Por supuesto, no necesitas estar bajo amenaza física para usar el ejercicio como manera de reducir el estrés diario. No tienes que hacer ningún ejercicio intenso, ya que cualquier movimiento ayuda a aliviar la tensión muscular. Puede ser cualquier actividad como yoga, estiramientos, o cualquier tipo de movimiento repetitivo, como caminar, correr, nadar, pedalear, o remar. Todas estas actividades ayudan a desencadenar una respuesta de relajación, y son especialmente útiles si las haces regularmente.

Durante el ejercicio trata de incrementar tu conciencia - nota qué y cómo te estás sintiendo, tu ambiente y qué sucede a tu alrededor. Ayuda a incrementar los beneficios de cualquier actividad física para aliviar el estrés. Esto te ayudará a estar más calmado y más concentrado. Tal enfoque es efectivo con cualquier actividad física, no importa si es una caminata o entrenamiento de fuerza.

Coordina tu respiración con movimientos rítmicos mientras mueves tus pies o subes y bajas las pesas, mientras prestas atención a las sensaciones de tu cuerpo.

Beneficios del movimiento rítmico

La mayoría de nosotros ha experimentado cierta clase de trauma o estrés en el pasado.No hay nada malo con eso - es parte de la vida del humano. Incluso si no hemos experimentado ningún trauma, vivimos en un mundo estresado y es fácil estar abrumado. Por eso, a menudo estamos fatigados y experimentamos excesiva tensión muscular. Esto, a su vez, nos hace sentir ansiosos y exhaustos.

. . .

Con frecuencia, la ansiedad es el resultado de sentirse estancado. El sentimiento de impotencia y la incapacidad percibida de resolver o escapar de una difícil situación es una ocurrencia común en el estilo de vida moderno. El movimiento rítmico es una excelente solución para salir de tu cabeza y despegarte.

El estrés se acumula en nuestro cuerpo con el tiempo, y nos acostumbramos a esta tensión. Lo llevamos a donde quiera que vayamos y puede tener un gran impacto en nuestras mentes y cuerpos. El movimiento es una forma natural de liberarse de dicha tensión y regresar al estado relajado.

Considerando que la ansiedad es el resultado de sentirse estancado en tus pensamientos y ser incapaz de resolver algo, el movimiento rítmico ayuda a salirte de tu cabeza.

Esto, a su vez, te permite aterrizar y reconectar con tu cuerpo para regresar a un estado relajado y concentrado.

Serás capaz de abordar cualquier problema de frente con mayor energía y concentración.

. . .

Además, el movimiento rítmico mejora tu humor, reduce estrés emocional e inflamación, y mejora tu sistema inmune.

Te hace más relajado, enfocado, e incrementa el sentimiento de seguridad. Es exactamente lo que necesitamos en nuestras luchas diarias.

Cinco prácticas basadas en movimientos para relajar el cuerpo y la mente

Existe una variedad de actividades aparte de la meditación que tiene un efecto terapéutico y no requiere que te sientes por veinte minutos. Cualquier movimiento relajante y repetitivo puede tener un efecto similar a la relajación.

Todo lo que tienes que hacer es ir lento y prestar atención a tus movimientos. Es más fácil incluirlo en tu vida diaria, ya que lo disfrutas y no lo sientes como una tarea. Abajo encontrarás algunas de las más efectivas y accesibles prácticas:

. . .

1.- Caminar

Caminar es una de las técnicas de movimiento más fácil y natural. Te ayuda a despejar tu mente y liberar tensión de tus músculos y estrés de tu cuerpo.

2.- Hatha Yoga

El Hatha Yoga puede ser una de las prácticas de movimiento más gratificante. Pone énfasis a tu respiración además de practicar asana, lo que te ayuda a desencadenar el estado de atención plena. Podría sonar un poco complicado, pero en realidad, es bastante simple y accesible para todos.

3.- Jardinería

La jardinería te conecta con la naturaleza como nada más. Es una excelente experiencia terapéutica que te ayuda a lidiar con ansiedad y domestica tu mente cuando los pensamientos empiezan a correr a través de uno incontrolablemente.

Es una actividad perfecta para volverse consciente y comprometerse con la naturaleza. Es una actividad calmada que puede absorberse por completo, lo que te permite escapar de los obstáculos de la vida diaria por un momento, y relajarse profundamente.

. . .

4.- **Nadar**

Nadar es un excelente ejercicio que te permite concentrarte en tu respiración y movimientos rítmicos. No requiere demasiado esfuerzo; sin embargo, puede traer una relajación profunda a tu cuerpo después. Libera tensión como nada más y normalmente son mínimas las distracciones.

5.- **Bailar**

Bailar puede ser verdaderamente una experiencia terapéutica. Te permite concentrarte en la expresión y puede ayudar a activar el proceso de sanación de tu cuerpo.

Cuando bailar conectas con tu cuerpo a otro nivel, lo que te permite expresar sentimientos que a menudo son difíciles de transmitir con palabras. Es altamente benéfico si sufriste algún trauma o tienes ansiedad o depresión.

Te vuelves consciente cuando bailas, lo que a su vez te permite aprender más de ti mismo y tu cuerpo. Expresa tu creatividad a través de un flujo de sensación física placentera.

Te disuelves en el momento y esa es una verdadera experiencia sanadora.

. . .

Añade movimientos conscientes a tu rutina diaria

Cualquier práctica que elijas, la cosa más importante es centrar tu conciencia en el presente. Presta atención al movimiento de tus manos y pies, siente la superficie en la que estás parado, siente el movimiento.

Concéntrate en tu respiración como inhalar y exhalar. Nota como el aire viaja dentro de tus fosas nasales y afuera.

Permite que fluyan los movimientos rítmicos y relaja tu mente.

Ya que hemos planteado el tema del movimiento consciente, examinemos lo que la conciencia significa con más detalle y qué beneficios prácticos puede ofrecer para mejorar tu vida.

Conciencia

La conciencia provee la habilidad de sentirse felices y contentos en cualquier circunstancia, a pesar de cualquier preocupación que podrías tener.

. . .

También ayuda a encontrar una conexión con algo más allá de nuestras preocupaciones. Trae una mayor conciencia de nuestra conexión a otros y nuestro entorno, lo que a su vez proporciona una comprensión más profunda de tu vida poniéndonos contentos.

Si nuestras mentes no están direccionadas, nos pueden hacer ansiosos e infelices de diferentes maneras. Veamos como practicar la conciencia puede mejorar tu calidad de vida.

¿Qué es la conciencia?

La conciencia fundamentalmente consiste en tres elementos y se define como prestar atención de una manera en particular a estos elementos: a propósito, en el presente, y sin juicio. Una vez más, estos son los tres elementos fundamentales de la conciencia para tener en cuenta.

1. A propósito
2. En el presente
3. Sin juzgar

La conciencia también puede ser descrita como la habilidad de saber lo que está pasando en tu cabeza en cualquier momento sin dejarse llevar por ello. Antes de pasar a cómo realmente practicar la conciencia, vamos a ver qué es lo que pasa cuando no estás consciente.

Lo que pasa cuando no estás consciente

Ya hemos hablado de la idea de que nuestras mentes nos pueden hacer ansiosos e infelices si se deja sin dirección. No significa que nuestras mentes están defectuosas. Por supuesto, pueden ser cambiadas, reconstruidas, desarrolladas y mejoradas, de lo contrario nada haría una diferencia, incluso prácticas como la conciencia. Nuestras mentes tienen cualidades que nosotros tampoco notaremos o elegimos ignorarlas, en lugar de manejarlas. Estas cualidades son:

- Vistas limitadas del mundo
- Sesgo hacia la negatividad
- El rol del subconsciente en nuestras vidas diarias.

Sin conciencia podemos quedar atrapados en nuestros pensamientos y emociones, e identificarse completamente con ellos. Hemos hablado de cómo esto es una respuesta emocional y no necesariamente representa la verdad, sin embargo, tendemos a olvidarlo y caer en esta trampa una y otra vez.

. . .

Cómo la conciencia nos ayuda a conocer nuestro ego

Se ha vuelto bastante popular hablar del ego últimamente; sin embargo, es importante recordar que el ego como tal no es tan malo. El ego es esencialmente lo mismo que la personalidad. Nuestras personalidades están formadas desde una edad temprana por nuestras experiencias con el mundo y otras personas. Las creencias juegan un papel importante al moldear nuestra personalidad o nuestro ego.

Como resultado, la mayoría de nosotros nos asociamos con este ego. Como consecuencia, te identificas completamente con tu personalidad. Esto es un problema, incluso si eres bastante agradable y dulce.

La superación personal depende de tu habilidad de tomar un vistazo de ti desde afuera - como observador. Solo cuando eres completamente honesto contigo mismo, puedes identificar las áreas que necesitas mejorar. Es posible salir de nuestro ego, aunque sea por un breve momento, porque es más que suficiente.

No solo es esencial para la superación personal, si no que también es una experiencia muy relajante.. Nos da la oportunidad de vernos aparte de nuestros egos, nuestros verdaderos yo. Esta es la principal razón por la que es importante practicar la conciencia.

El yo observador

La conciencia nos permite observarnos desde nuestro ego. Como consecuencia, practicar la conciencia está relacionada con cultivar observarnos a nosotros mismos en nuestra vida diaria y liberar nuestras mentes de aspectos limitantes.

Nuestro ego es responsable de pensar por sí mismo. Es la parte de la mente la que opera tus memorias, pensamientos, creencias y juicios. Esencialmente, es el ego.

Observarse a uno mismo es la parte responsabilidad de la conciencia de lo que sea que estás pensando y haciendo en cualquier momento. La conciencia te ayuda a cultivar y operar desde el punto de vista del observador.

Practicando la conciencia

La mejor cosa sobre la conciencia es que se puede practicar en cualquier momento y en cualquier lugar.

. . .

Considerando que podrías no estar familiarizado con la práctica, puede ser de ayuda entrenar tu cerebro para hacerlo formalizando.

Lo que significa que debes asignar cierto tiempo y actividad en el que pasarás en un estado de conciencia. Puedes hacerlo en una caminata, en tu viaje o cuando haces tareas de la casa - no importa.

Muchas personas que empiezan a practicar la conciencia consideran que el uso de etiquetado es bastante útil para activar la selección de observación.

Más tarde, puedes intentar gastar más de tu día en un estado de conciencia. Te ayudará a observar tus pensamientos en lugar de estar con ellos, lo que es increíblemente una experiencia relajante.

La diferencia entre conciencia y meditación

Puede parecer que la conciencia es similar a la meditación de alguna manera, y es verdad hasta cierto punto. Sin embargo, hay una diferencia mayor entre las dos prácticas.

. . .

Durante la meditación nuestra meta es darnos cuenta cuando nos distraemos con nuestros pensamientos, y cambiamos nuestra concentración a algo más neutral como nuestra respiración. Cuando practicamos la conciencia, nosotros simplemente observamos, no dirigimos nuestra atención a nada en particular.

La meditación puede complementar la conciencia, para que puedas considerar a empezar a meditar si quieres. Incluso cinco minutos es suficiente.

Cómo practicar la conciencia plena puede ayudarnos a afrontar las luchas diarias

Los beneficios de la conciencia vienen de un hecho simple. No somos nuestros pensamientos o emociones. Tenemos el poder de elegir y podemos escoger estar en calma y contentos con lo que sea que pueda estar pasando. El principal beneficio de la conciencia es la habilidad de sentirse felices y contentos, a pesar de todo lo que podría estar pasando. Aquí hay más beneficios que lograrás una vez que empiezas a practicar la conciencia plena:

1.- La mayoría de nuestras opiniones no son útiles

Es natural que tengamos opiniones sobre casi absolutamente todo lo que nos rodea e incluso de nosotros mismos.

¿Pero cuál es el propósito? ¿Te lo has preguntado alguna vez?

Nuestras opiniones sobre nosotros son el producto de nuestra charla interna. Practicar la conciencia plena hace nuestra charla interna más evidente.

Hemos establecido que nuestras creencias están formadas por nuestro diálogo interno, basada en la información externa que recibimos. De este modo, eso afecta nuestra autoconfianza y la manera en la que nos llevamos nosotros mismos.

Con respecto a nuestras opiniones de otros y el mundo que nos rodea - por lo general no tienen el significado que les atribuimos. En la mayoría de los casos, dicen más de nosotros que de otras personas. Cuando tienes pensamientos negativos sobre una situación u otras personas, generalmente significa que te estás sintiendo estresado y cansado. Puedes darte cuenta de eso cuando practicas la conciencia.

2.- **Somos controlados por nuestros apegos**

Los apegos tienen dos formas - atracciones y aversiones.

Las atracciones son, por ejemplo, caras amigables, el clima soleado, o el olor de deliciosa comida. Las aversiones incluyen cosas como sonidos ruidosos, ser rechazado, o café asqueroso.

Estamos conectados para evitar molestias y dolor y estamos atraídos al placer.

Nuestros apegos a cosas placenteras pueden trabajar en contra nuestra e impedir nuestro progreso en el camino a lograr metas más grandes.

Lo opuesto al apego es, lo adivinaste, el desapego. El desapego es una práctica de conciencia plena que te permite darte cuenta cuando te agitas, y evitar quedar atrapado en la persecución de apegos como resultado. De esta manera puedes hacer que los apegos tengan menos impactos en nuestra vida.

3.- **Usamos amortiguadores de realidad específicos para filtrar la realidad**

. . .

Tendemos a utilizar mecanismos de defensa psicológicos como amortiguadores emocionales para filtrar la realidad.

Es posible detectarlos una vez que empieces a practicar la conciencia plena, y casi imposible notarlos de otra manera.

Nuestra mente utiliza los mecanismos de defensa psicológica para defender tres áreas de la preocupación psicológica, que son:

- Teniendo la necesidad y dependencia como una parte inevitable de las relaciones.
- El manejo de emociones intensas.
- Desarrollar el sentido de autoestima.

Estos son los mecanismos de defensa psicológica que nuestra mente usa para defender esas áreas de preocupación psicológica:

- Represión y negación
- Desplazamiento y formación reactiva
- Culpando
- Separación
- Idealización
- Proyección
- Control
- Pensamiento

- Narcisismo

Ahora que conoces estos mecanismos de defensa psicológicos, puedes reconocerlos por ti mismo. Con tiempo y práctica, serás capaz de entrenar a tu mente para dejar de usarlos por completo.

4.- Respondiendo en el momento

La práctica de la conciencia plena puede mostrarte cuando estás menos presente y cómo exactamente. Puede ayudarte a tomar conciencia de hábitos que no ayudan.
Casi todos tienen una cosa o cosas que hacer.

Si tiendes a dejarte llevar, puede ayudarte a regresar en el momento. La práctica de la conciencia plena puede revelar los obstáculos para conseguir satisfacción y sentir placer.

Es natural esperar beneficios prácticos si estás por empezar a practicar algo. En el caso de la conciencia, el principal beneficio es la habilidad de sentirte feliz y contento, no importa qué esté pasando en tu vida. La conciencia es una de las cosas más prácticas que puedes hacer para incrementar la calidad de tu vida.

Otro enorme beneficio de practicar conciencia es la habilidad de cultivar la observación así mismo. Te ayudará a verte separadamente de tu ego y personalidad, que a su vez te permitirá ver cuáles son las áreas que necesitan mejorar.

Te ayudará a desapegarse de tus pensamientos y emociones y ver las cosas más claras. Vivir sin las distorsiones de nuestra mente es una experiencia relajante. Debes considerar empezar a practicar la conciencia plena si no has empezado ya.

Responsabilidad

La responsabilidad es la habilidad de determinar nuestra respuesta a cualquier circunstancia. Es el último hábito de la gente que posee alta efectividad personal. Te da la sensación de libertad real de que nada ni nadie te la puede quitar. La responsabilidad te permite hacer la decisión más importante - ser proactivo sobre nuestras respuestas

Eres libre de influenciar si eliges tu respuesta

. . .

Una vez más, es importante recordar que tenemos el poder de la elección. Desarrollar la responsabilidad es elección y una decisión que puede hacerse en cualquier momento. Ten en cuenta que elegimos si permitimos que otros nos lastimen. Nadie ni nada puede lastimarnos sin nuestro consentimiento. La responsabilidad te otorga esta libertad de elegir.

Es la defensa definitiva contra el miedo al fracaso, rechazo y condiciones que cambian rápidamente.

Por defecto, generalmente escogemos actuar proactivamente. La responsabilidad es todo sobre actuar activamente.

Nosotros descuidamos el uso de nuestra habilidad de escoger en qué enfocarnos cuando nos encontramos con un trato injusto o pobre.

Cómo tomar responsabilidad puede cambiar tu vida

No es difícil ver por qué ejercer la responsabilidad puede cambiar tu vida. Imagina que tuvieras la capacidad de escoger si estar triste por malas noticias, como ser despedido, o no estarlo. O por el comportamiento de tu pareja. O por las personas difíciles con las que tienes que lidiar a diario.

Con responsabilidad, puedes afrontar todos estos escenarios con proactividad y acción. Es una de las mejores decisiones que puedes tomar.

Ser responsable de tus respuestas previene mucho estrés y ansiedad. Cuando te das cuenta que puedes escoger tus respuestas a varias cosas, tendrás mucha más confianza en tomar acciones para construir tu futuro y comunicar cómo te sientes. Esto hará que seas más enfocado y determinado, como te volverás más dispuesto a enfrentar malestar y no te dará miedo fallar ni el rechazo porque serás más capaz de dejar de enfocarte en ellos.

Necesitas un fuerte sentido de valor primero

Antes de continuar con el aprender a escoger tus respuestas y practicar la responsabilidad, existe una cosa crucial que necesitamos discutir primero. Para practicar la responsabilidad se requiere la capacidad de poner tus respuestas emocionales a un lado.

. . .

Imaginemos que tienes que trabajar con alguien que constantemente te interrumpe. Es fácil sentirse irritado, ya que nacemos reactivos. La irritación es una reacción natural en este caso. Sin embargo, es más racional trabajar en una solución al problema en lugar de mostrar tu irritación.

Al ser naturalmente reactivos, nos impulsan los sentimientos y las respuestas emocionales. La responsabilidad es sobre todo ser proactivo, por lo tanto seremos impulsados por nuestros valores internos. Cuando practicas la responsabilidad, tus respuestas están basadas en tus valores. Es por eso que tienes que examinar tus valores fundamentales antes de desarrollar tu capacidad de escoger respuestas.

Aprender a escoger tu respuesta

Desarrollar la responsabilidad es bastante sencilla - todo lo que tienes que hacer es tomar una decisión.

Por supuesto, es más fácil decirlo que hacerlo, ya que necesitarás disciplina y control. Aquí hay una guía paso a paso sobre cómo desarrollar el hábito de responsabilidad:

1.- **Escucha tu lenguaje**

Las palabras que usamos revelan muchas cosas. En

particular, muestran si nos consideramos actuando o actuados en consecuencia. El lenguaje reactivo remueve responsabilidad, lo que puede traer alivio a corto plazo, pero funciona de ambas maneras.

Veamos algunas frases y excusas comunes:

- "Es solo quien soy"
- "Tengo que"
- "Él me hace enojar"

Puedes cambiar esto a lo siguiente:

- "Puedo escoger cambiar"
- "Yo elijo"
- "Puedo escoger mis sentimientos"

La responsabilidad te da el poder de escoger lo que sea - tus sentimientos, cómo reaccionas, y tus acciones. La proactividad te permite generar sentimientos en lugar de esperar a que sucedan.

2.- **Considera dónde enfocar tu tiempo y energía**

Tenemos un círculo de preocupación y un círculo de influencia. El círculo de preocupación son las cosas por las que nos preocupamos. El círculo de influencia son las cosas sobre las que tenemos control. Cuando practicamos la responsabilidad, enfocas tu tiempo y esfuerzo en tu círculo de influencia.

Esta es la razón por la tienes que considerar dónde enfocar tu tiempo y energía. La conciencia plena puede ayudarte a mirarte a ti mismo desde el punto de vista de un observador, lo que te ayudará a establecer cómo puedes volver a enfocar tu tiempo y esfuerzo. Es más fácil decirlo que hacerlo, por supuesto, pero con tiempo y práctica serás capaz de establecer lo que puedes controlar y lo que de verdad te importa.

3.- **Categoriza las dificultades que debes enfrentar**

Podemos dividir los problemas que encontramos en tres categorías:

- Directos - problemas conectados a nuestro propio comportamiento.
- Indirectos - problemas ligados con el comportamiento de otras personas.
- Sin control - problemas por los que no podemos hacer nada.

Siendo responsable y proactivo, puedes incluir todos los tres tipos de problemas en tu círculo de influencia. "Pero espera, ¿qué pasa con los problemas por los que no podemos hacer nada? ¿Cómo puedo tener control sobre esos?" - te podrás preguntar. Aquí hay unos ejemplos prácticos de cómo puedes incluir los tres tipos de problemas en tu círculo de influencia:

Imagina que tienes un problema directo en el que pasas mucho tiempo jugando videojuegos y no suficiente tiempo en aprender una nueva habilidad. Esto es fácil - la respuesta proactiva sería cambiar tus hábitos.

Veámos un problema indirecto. Por ejemplo, tu colega está holgazaneando o comportándose de manera poco profesional. Esto a su vez, afecta tu trabajo. Cuando pones este problema en tu círculo de influencia, considerarás cómo puedes cambiar esta situación o esta persona. Existen demasiadas estrategias que puedes usar. Puedes confrontar a tu colega o influenciar en tu jefe para asignar a alguien más.

La cosa principal es que pongas tus esfuerzos en buscar una solución en lugar de quejarte inútilmente sobre el comportamiento de tu colega. Realmente estás tomando acción para cambiar la situación en lugar de quejarse.

Ahora viene la parte más interesante. ¿Qué pasa con los problemas sobre los que no tenemos control?

. . .

La respuesta es muy simple - aquí es donde la práctica de la aceptación entra en juego. En pocas palabras, significa que aceptas las cosas que no puedes cambiar, lo que te deja libre para enfocarte en las cosas que sí puedes controlar.

Hablaremos sobre la aceptación muy pronto - en la próxima parte.

El papel de la atención plena

La responsabilidad es mejor combinada con la atención plena porque te permite observar el verdadero tú y darte cuenta del espacio entre el estímulo y la reacción. Si sabes lo que ocurre en ese espacio, serás capaz de escoger tus respuestas más efectivamente. Desarrollar responsabilidad y practicar la conciencia están bastante relacionadas.

La habilidad de escoger tus respuestas que vienen con practicar la responsabilidad es la última habilidad que transformará tu vida. Además de eso, aprenderás cómo ver tus problemas y dónde enfocar tu tiempo y energía. Esto mejorará tu efectividad personal y nada ni nadie será capaz de lastimarte. Porque ahora puedes escoger.

Aceptación

Hemos descubierto cómo la conciencia combinada con responsabilidad puede ayudarte vastamente a mejorar tu vida. Hay una práctica final para completar el conjunto de herramientas definitivo: la aceptación.

Puede sonar fácil - sólo acepta lo que puedes cambiar, ¿verdad? Pero es difícil de explicar y aprender cómo hacerlo en la práctica. En corto, la aceptación es sobre experimentar directamente tus sentimientos, sin filtrarlas ni clasificarlas.

No es sólo un proceso cognitivo, algunas personas no se dan cuenta que en realidad es un proceso corporal. Además, técnicamente no aprendemos realmente la aceptación. En su lugar, desaprendemos nuestro hábito de no aceptar.

Así que, veámos lo que es la no aceptación y cómo sucede.

Qué es la no aceptación y cómo sucede

. . .

La mayoría de la gente divide sus vidas entre experiencias deseadas, como la emoción y el placer, y emociones que encuentran incómodas o desagradables. La gente tiende a evitar cosas como la tristeza, la soledad, y el aburrimiento.

En su lugar de aceptar esos sentimientos directamente, tratamos de racionalizarlos excesivamente o totalmente replantear nuestra experiencia encontrando algún tipo de escape.

Esa es la razón por la que la mayoría no ve la aceptación como parte del crecimiento personal. Sin embargo, si continuamos no aceptando nuestros sentimientos directamente y seguimos evitándolos o escapando de ellos, tarde o temprano nos encontraremos en una búsqueda inútil de emoción y placeres. Probablemente puedes darte cuenta de cómo mucha gente le tienen miedo a dejar que sus vidas se calmen aunque sea por un momento, no pueden ir lento y sentirlo todo.

Es bastante probable que seas selectivo con experimentar tus sentimientos. Usando la atención o conciencia plena, trata de mirarte a ti mismo desde el punto de vista de un observador y date cuenta de cómo filtrar tus sentimientos, emociones y experiencias. Naturalmente nos sentimos atraídos hacia el placer y la emoción. Es por eso que, tenemos un montón de experiencias emocionales sin procesar que hemos estado filtrando. Evitar un problema no hace que desaparezca. No puedes correr de tus verdaderos sentimientos para siempre. Nos lleva a una severa ansiedad y disfunción.

Pero basta con esa charla triste. Vamos a ver lo que podemos hacer para ayudarnos a experimentar nuestros sentimientos directamente. Discutamos lo que significa practicar la aceptación.

¿Qué significa practicar la aceptación?

A pesar del hecho de que "aceptación", suena simple, es difícil de explicar el concepto. Hemos establecido que, en corto, la aceptación es experimentar tus emociones directamente. Sin embargo, si simplemente te dices a ti mismo que experimentes tus emociones directamente, seguirás aplicando el proceso de pensamiento a eso. Abandonar la mente y experimentar emociones directamente no es tan fácil como pudiera parecer.

Además, la aceptación puede confundirse con darse por vencido. Eso no es correcto, como discutiremos más tarde.

. . .

Sin embargo, por esa asociación, muchos no ven la aceptación como parte del crecimiento personal.

Otra idea equivocada que rodea la aceptación es confundir la aceptación con aceptar nuestras circunstancias personales.

Aceptar circunstancias fuera de tu círculo directo de influencia es una cosa buena; sin embargo, es importante entender que está relacionado a la responsabilidad, no a la aceptación.

Ahora que sabemos lo no es la aceptación, veamos lo que realmente es.

La aceptación es la voluntad y capacidad de experimentar nosotros mismos y nuestras vidas como son. Es un alejamiento de autoengaño hacia la realidad.

Lo que no aceptamos

Fácilmente aceptamos emociones positivas, como la emoción y validación. Tendemos a evitar y escapar de sentimientos más depresivos, como la tristeza, la soledad, la decepción, y la desesperación. Además de eso, a menudo escogemos ignorar algunos sentimientos y rasgos en nosotros mismos que juzgamos de otros, como la pereza o ser quisquilloso.

Cuando practicamos la aceptación, exploramos todos nuestros sentimientos con curiosidad. No escogemos qué aceptar y qué filtrar. Experimentamos todo tal cual es.

De hecho, le damos la bienvenida a emociones más duras y las exploramos con interés y afán.

Eso podría sonar irrazonable y tal vez incluso mental o sádico. Sin embargo, es importante recordar que hay consecuencias al no aceptar nuestras emociones. Si continuamos descuidando algunas de ellas, tarde o temprano empezaremos a tener dificultades siendo capaces de abrazar a cualquiera. La no aceptación nos deja desconectados de nosotros mismos, mientras procesamos la realidad a través del filtro de nuestra necesidad. La aceptación nos permite procesar todas las emociones de nuestros corazones y sentimientos y explorarlos para ganar un entendimiento más profundo de nosotros mismos y el mundo.

Cómo establecer que cosa no aceptas

. . .

Pareciera una pregunta fácil, pero la respuesta no será obvia. Es difícil ser completamente honesto contigo mismo y entender qué podrías filtrar. La conciencia puede ayudarte a descubrir lo que no aceptas y eliges ignorar o evitar. Te permite echarle un vistazo a ti mismo desde el punto de vista de un observador. De esta manera es mucho más sencillo darse cuenta de las cosas que tendemos a evitar y cómo lo hacemos.

Practicar la aceptación te hace más feliz

Las emociones positivas nunca pueden ser catalizadores tan poderosos para el crecimiento como las emociones negativas. Si alguna vez has vivido a través de duros tiempos o incluso sufrido, puedes mirar atrás y ver cómo te ayudó a crecer. Las emociones negativas ayudan a construir nuestro carácter y de hecho pueden ser benéficas para mejorar nuestros estados positivos, como lo es construir la autoconfianza.

Cuando estaba con el corazón roto al final de una relación, me relajé en un estado de profunda tristeza. Esta experiencia me cambió. Recuerdo que había ciertos momentos en los que no estaba pensando acerca de qué pasó exactamente, sin embargo no estaba simplemente entumecido.

. . .

Estaba ahí, presente con mi tristeza.

Me volví más compasivo conmigo mismo después de eso.

Esto no volvería a pasar nunca si mantenía evitando mis sentimientos como nunca. Esto me dió libertad como nada más en mi vida. Esta libertad que obtienes cuando practicas la aceptación contribuye a mayor felicidad con el tiempo.

No tener control sobre nuestro comportamiento es una de las cosas que nos mantiene sintiéndonos infelices e indefensos.

Cuando no estamos aceptando algo, tendemos a desarrollar hábitos compulsivos. Eso sucede porque evitar e ignorar nuestras emociones crea tensión.

Para liberarla, tendemos a caer en hábitos compulsivos, lo que puede ser bastante inocente, como morderte las uñas, o destructivo, como el alcohol o abuso de alguna sustancia.

Practicar la aceptación nos permite experimentar emociones directamente y evitar crear tensión extra en nuestra mente y cuerpo. Que a su vez nos previene de desarrollar hábitos compulsivos inútiles y lleva a mayor felicidad.

La aceptación te previene de identificarte con las cosas que no estás aceptando

Cuando evitamos ciertos sentimientos lo suficiente, puede ser difícil ser consumido por ellos. Practicar la aceptación ayuda a evitar ser consumido por los sentimientos que has estado evitando.

Tomemos un rasgo común, como la pereza, por ejemplo.

Podemos juzgarnos a nosotros mismos por ello, pero últimamente, tratamos de ignorarlo o evitarlo. Experimentar la pereza directamente puede sonar como un total sinsentido; sin embargo, esta experiencia puede ser transformadora.

Cuando dejamos de resistir la pereza, nuestra identidad como perezosos cae. De esta manera podemos desbloquear energía imparable que normalmente está bloqueada por nuestro hábito de evitar o escapar de nuestros sentimientos.

· · ·

Sin la presión de nuestro ego, podemos ganar una mirada de fuera más fresca de nosotros mismos. Así es como la pereza o cualquier otro hábito puede traernos una vida de compasión.

Cuando dejamos de resistir ciertas emociones, dejamos de ser definidos por ellas. Cuando dejamos de pelear contra la pereza, dejamos de identificarnos demasiado con ellos. Esto puede ser aplicado a otras emociones también, como la tristeza, la soledad, la desesperación, y el dolor. Si les das la bienvenida y los aceptas, entonces dejas de identificarte con ellos.

Tres ideas equivocadas que rodean a la aceptación

1.- ¿Practicar la aceptación significa resignación?

Como se mencionó previamente, la aceptación no es lo mismo que la resignación, Cuando nos resignamos, nos damos por vencidos y nos mantenemos pasivos. De lo contrario, cuando están dispuestos a aceptar cosas, demostramos coraje y mostramos compasión a nosotros mismos.

. . .

Practicar la aceptación dirige a alta efectividad personal y desarrollar cualidades fortalecedoras. La aceptación hace que el cambio sea posible.

Nos enseñan que mirándonos a nosotros mismos de manera negativa es como mejoramos. Sin embargo, la mejor manera de superación personal es dejar que te sientas como necesitas sentirte. De esta manera, puedes establecer lo que necesitas hacer al respecto. Así es como desarrollamos inteligencia emocional, de lo que hablaremos con más detalle en el siguiente capítulo.

2.- ¿Podemos pasar la aceptación y simplemente elegir ser positivos?

Replantear experiencias negativas es tal vez la forma más común de no aceptarse. Tenemos que recordar que nos involucramos en el proceso cognitivo cada vez que tratamos de replantear nuestras experiencias. Si lo hacemos de manera regular, si necesitamos replantear con el fin de estar bien con cualquier cosa que esté pasando, resulta en un problema.

Como la mayoría de las personas, he estado replanteando ciertas experiencias también, así que no me que detuvieron tanto las emociones. De hecho, el replantear puede ser algo efectivo y existe un tiempo y lugar para eso también. Pero tenemos que recordar que todo es bueno en moderación. Replantear tus experiencias todo el tiempo solo no es sano y útil.

Puedes positivamente replantear tus experiencias de vez en cuando, pero haciendo todo al mismo tiempo no es una estrategia sostenible y por último se convierte en una forma de problema.

3.- ¿La aceptación equivale a bañarnos en nuestras emociones?

La aceptación no significa bañarse en nuestras emociones todo el tiempo y ahogarse en la melancolía. La aceptación es sobre compasión a ti mismo.

Cuando nos consumimos por nuestras emociones, estamos siendo consumidos por nuestras interpretaciones de ellas, de hecho. Cuando experimentamos nuestras emociones directamente con la ayuda de la aceptación, no aplicamos el proceso de pensamiento, por lo tanto cualquier sensación negativa no dura demasiado. Si alguna vez te quedas atrapado en tus emociones, practicar la conciencia plena en conjunto con la aceptación puede hacer una enorme diferencia.

Ejercicios de aceptación

Incluso si la aceptación no es un proceso cognitivo, aquí hay cinco prácticas de aceptación para ayudarte a mejorar tu entendimiento de la aceptación.

· · ·

1.- **Meditación de conciencia plena**

La meditación de conciencia plena es esencial para la práctica de aceptación. Nos permite relacionarnos con nuestra lucha diaria y ganar claridad profunda.

Hacer meditación de conciencia plena es bastante simple.

Empiezas prestando atención a tu respiración. La respiración es el ancla principal en la meditación de conciencia.

Toma varias respiraciones profundas y regresa a la respiración normal. Presta atención a eso, pero no hay necesidad de controlarlo.

Eventualmente, notarás que tu mente quiere dejarse llevar por los pensamientos. La meditación de conciencia es sobre reconocer cuando esto pasa. Puedes usar la etiquetación de manera similar cuando empiezas a practicar la conciencia.

Puedes simplemente comentar "pensando", y regresar el enfoque a tu respiración. Para resumir, aquí están los pasos para la meditación de conciencia:

- La respiración es utilizada como ancla - toma unas cuantas respiraciones profundas y regresa a la respiración normal.
- Nota cuando tu mente empiece a distraerse en pensamientos
- Marca este momento etiquetarlos como "pensando"
- Regresa tu concentración a tu respiración

Esto te ayudará a ganar una profunda claridad, como podrás controlar cuando tu mente empiece a dejarse llevar por los pensamientos, de este modo se previenen reflexiones inútiles.

2.- **Enfrentarse a dificultades y nombres lo que es verdad**

Este ejercicio está orientado para ayudarte a obtener una comprensión más profunda acerca de la difícil situación en tu vida. Imagina la situación que actualmente está desafiandote. Puede ser casi cualquier cosa, desde un conflicto personal de estrés en el trabajo o una presión financiera. Pregúntate a ti mismo cómo te sientes al respecto y trae una presencia receptiva a tu cuerpo. Una presencia receptiva es la condición de estar sin un juicio o agenda propia. Presta atención a tu cuerpo, especialmente a tu garganta, pecho y estómago.

Después de describir cómo te sientes y nombrar tu experiencia, pregúntate a ti mismo si es verdad. Si no, continúa preguntando. Si te pierdes en tus pensamientos, regresa la atención a tu cuerpo. Puedes usar la etiqueta en el fondo, pero la mayoría de tu atención debe estar enfocada en la sensibilización y atención a tu experiencia.

3.- **La aceptación del dolor**
Esta práctica ayuda a relajar nuestra resistencia a situaciones desagradables.

Primero necesitas entrar en un estado relajado. Ahora escanea a través de tu cuerpo. Presta atención a cualquier área donde sientas malestar o dolor. Ahora llama la atención directamente de sensaciones desagradables en esa parte de nuestro cuerpo. Ve lo que pasa cuando empiezas a estar presente con el dolor. ¿Intentas alejar el dolor o de alguna manera bloquearlo o cortarlo? ¿Sientes miedo?

Imagina que tu conciencia es como un espacio suave que rodea el dolor. Permite que el dolor y cualquier sensación desagradable flote en ese espacio. Ahora centra la atención en las sensaciones cambiantes. ¿Sientes dolor, una punzada, ardor o palpitación? Explora esas sensaciones con una atención suave y no reactiva.

4.- **Descubre tu anhelo más profundo**
Esta práctica ayuda a traer tus deseos a la luz. Nues-

tros deseos pueden realmente sostener un montón de miedo.

Entra en un estado relajado y cómodo. Pregúntate a ti mismo qué es lo que tu corazón desea. Primero, su respuesta podría ser qué quieres más dinero, perder peso, estar saludable o encontrar el amor. Pregunta de nuevo y escucha cuidadosamente, notando lo que espontáneamente surge.

Continúa así por un par de minutos más. Haz la pregunta y presta atención y acepta todo. Tu respuesta debería volverse más simple y profunda a medida que avanzas. Sé paciente, con el tiempo serás capaz de descubrir tus anhelos más profundos.

5.- **Permanecer con miedo**
Por favor nota que esta práctica puede ser inútil si sufriste un trauma.

Se puede practicar cada vez que sientas miedo. Para empezar, entra en un estado relajado. Ahora imagina la situación que te asusta. Pregúntate por lo que realmente le temes y cuál es la peor parte de la situación. Tu respuesta puede ser similar a una historia. Presta atención a las sensaciones que surgen en tu cuerpo, para que esta historia pueda convertirse en una puerta de entrada a experimentar tus sentimientos en su totalidad y más profundos.

Usando tu respiración ayudará a tocar tu miedo. Presta atención a tu garganta, pecho y estómago. Nota cómo el miedo se expresa por sí mismo en ti.

De las tres prácticas - conciencia, responsabilidad y aceptación - la aceptación es probablemente la más difícil de dominar. La aceptación debe fluir de la práctica de la conciencia, ya que te ayuda a perder tu identificación con tus pensamientos y establecer lo que podría no ser aceptado. La aceptación te ayuda a experimentar sentimientos directamente. Te permite moverte de autoengaños hacia la realidad.

Cambiar tu ambiente

Muchos de nosotros pensamos que somos nuestras propias personas y nos rehusamos a creer que somos vulnerables a la presión externa. Tener esas creencias fuertes podría parecer como algo bueno; sin embargo, tenemos que considerar el impacto que nuestro ambiente tiene en nosotros.

Nuestro ambiente tiene una enorme influencia sobre nosotros. Cuando nos damos cuenta de eso, podemos usarlo a nuestro favor.

. . .

Siempre escuchamos cómo el ambiente en el que crecemos nos forma en lo que somos el día de hoy. El mismo principio aplica ahora, en el presente.

Tu ambiente puede subconscientemente influir en ti de diferentes maneras.

Esta influencia es muy fuerte durante los años formativos de tu niñez. Pero todavía está ahí ahora. La diferencia es que ahora puedes elegir cómo seguir adelante. Ya no eres más un niño siendo arrastrado de manera lineal con poca voz o comprensión. Ahora eres un adulto con responsabilidades y decisiones que tomar.

Por supuesto, puedes ir con la corriente y continuar en el mismo camino que en tu niñez, permitiendo que tu ambiente y todo lo que esté sucediendo a tu alrededor sea como es. Sin embargo, al hacerlo, te vuelves dependiente de tu ambiente porque ya no estás dispuesto a cuestionar su autoridad.

De lo contrario, puedes escoger cambiar las cosas. Puedes empezar moldeando un ambiente que funcione a tu favor.

. . .

Puedes empezar cuestionando el orden cómo a tu alrededor. Si estás dispuesto a evaluar tu situación de manera honesta, puedes construir un ambiente para tu éxito.

"¿Qué ambientes hay para que cambies exactamente?" - podrías preguntar.

En ese caso, estamos hablando sobre algo que afecta tu vida diaria. Existen dos áreas principales para eso: ambiente mental y el ambiente físico. Empecemos con el mental

Ambiente mental

Primero, vamos a establecer lo que realmente significa el ambiente mental. El ambiente mental es la suma de todas las influencias sociales en la salud mental. Normalmente incluye tu círculo social - aquellos que te rodean, tus amigos, conocidos y familia.

La mayoría de nosotros vive en un mundo de fantasía donde esperamos que la familia se preocupe por nosotros y que todos nuestros amigos cuiden nuestra espalda. Desafortunadamente, este no es siempre el caso.

. . .

Las relaciones y amistades tóxicas pueden afectar tu salud mental. En este caso, no puedes aceptar que tu ambiente sea de la manera en la que es. Cuando te has rodeado de negatividad, se infiltra en tu cerebro y todas las áreas de tu vida. A menudo nos descuidamos de notar esto, pero antes de saberlo, nos encontramos a nosotros mismos quejándonos, culpando a otros, y desarrollando rasgos negativos.

Con el tiempo, se mantiene afectando más y más. Te alejas de ser tu verdadero yo. La mala compañía corrompe un buen carácter.

Por otro lado, hay gente que no te deja sentirte mal.

Dicha compañía es buena para ti y tu salud mental. Ellas no se alimentan de tu energía y te hacen sentir determinado, optimista y ambicioso.

Encontrar dichas personas no es fácil y puede parecer una tarea difícil al principio. Después de todo, ¿cómo puedes encontrar amigos cuando no los conoces primero, verdad?

. . .

Una vez que empiezas buscando a alguien que es significativo para ti, naturalmente gravitan hacia ti. Pregúntate a ti mismo cuáles son tus valores fundamentales y aprenderás exactamente quien eres - tu verdadero yo. A menudo está escondido bajo el velo de la negatividad ambiental.

Ambiente físico

Nuestro ambiente físico puede estar dividido en dos niveles: el nivel micro y el nivel macro.
El micro nivel

El micro nivel del ambiente físico es el nivel más pequeño e inmediato. Puedes mirar alrededor y ver qué te está distrayendo de tus metas.

Puede sonar raro, pero usemos un chocolate como ejemplo.

Me encanta, pero no poseo la disciplina cuando se trata del chocolate. Tengo un chocolate en mi escritorio mientras estoy trabajando. Tengo un montón de chocolates por todas partes en la casa - en la cocina, en mi cuarto, en mi escritorio, tengo un pastel de chocolate en mi refrigerador y me lo comeré todo. Ahí está, y ahora se ha ido en un par de minutos.

Lo que tengo que hacer es cambiar de ambiente removiendo la tentación. No es culpa del chocolate después de todo, es mía. Eliminando la tentación, estoy cambiando de ambiente. Que a su vez, se dirige a la reducción de azúcar y al consumo de grasa, lo que me permite perder peso y mejorar mi salud y estado físico. Por supuesto, no es necesario removerlo por completo. Todo es bueno con moderación, y puedo disfrutar algo de chocolate como premio de vez en cuando. Pero no me comería el paquete completo.

En el nivel micro, puedes cambiar lo que te rodea. Por ejemplo, mantén tu cuarto ordenado, mueve los muebles, pinta las paredes de algún color agradable, o agrega más plantas si así lo deseas. Lo que sea que sientas puede ayudarte con el éxito, debes hacerlo.

El nivel macro

El nivel macro del ambiente físico a mayor escala, es el área en que vives.

. . .

Tal vez, te encuentres a ti mismo en un área que no disfrutes o sientas que no perteneces aquí. Tal vez la gente a tu alrededor no son buenas para tu salud mental. No puedes ser la persona que quieres ser en dicho ambiente. Tienes que cambiar tu vida y muévete para desahogarse de dicho peso.

Moverse puede ser una experiencia transformativa. Muchas personas consideran que alejarse del lugar donde crecieron es una experiencia que les cambia el mundo. El mismo lugar puede ser perfecto para algunos de nosotros, mientras otros tienen que moverse y explorar con el fin de encontrar su lugar en el mundo.

Si eres infeliz en algún lado, puedes considerar moverte con el fin de cambiar tu ambiente físico.

Por supuesto, no es tan fácil pararse y moverse. Existen circunstancias personales que nos previenen de hacerlo.

Pero si sientes que necesitas moverte, empieza por buscar una manera para hacer que se realice. Puede ser difícil, pero vale la pena al final.

Todo a tu alrededor es fluido

. . .

Si te sientes estancado, considera estallar esa cómoda burbuja y cambiar tu ambiente mental y físico. Si quieres algo que nunca has tenido, tienes que hacer algo que nunca has hecho. Necesitamos cambiar para crecer, y cambiar tu ambiente es una experiencia transformativa. Si cambias tu ambiente por mejorar - verás cambios positivos en tu vida. Está en tu control y te agradecerás por eso más tarde.

Aceptar la incomodidad

Cuando te encuentras con cualquier desafío, tienes que ser más de los que eras antes para poder superarlos. Tienes que explorar nuevas perspectivas, aprender nuevas habilidades, y expandir tus límites. En otras palabras, tienes que obtener una comprensión más profunda con el fin de ser capaz de superar cualquier obstáculo que pudieras enfrentar.

Por supuesto, todo viene con una buena dosis de malestar.
    Pero la clave para tener éxito está en las cosas que tendemos a evitar, esas cosas que nos derriban y nos humillan.

La dificultad nos ayuda a crecer, la comodidad no. Si todo está bien, tendemos a quedarnos estancados. Si quieres alcanzar el éxito, tienes que dejar de evitar lo que es difícil.

. . .

Tienes que esforzarte por mejorar y hacer cosas que superen sus límites. Experimentarás mucho malestar a lo largo del camino, pero es lo que tienes que abrazar para poder alcanzar el éxito que deseas y alcanzar todo tu potencial.

Aprender a aceptar el malestar y estar cómodo con eso es una de las habilidades más valiosas que puedes poseer. Si aprendes a aceptar el malestar - puedes dominar casi cualquier cosa.

Por supuesto, estar molesto no viene naturalmente pero tampoco muchas cosas. Cuando nacemos, no podemos hablar, caminar, o incluso comer por nosotros mismos.

Aprendemos a hacer todo eso así como muchas otras habilidades cuando crecemos. La superación personal constante es la clave para el éxito.

Encontrar maneras de estar cómodo con tu malestar es una habilidad esencial para vivir la vida que quieres. El desarrollo personal siempre involucra la habilidad de aceptar y manejar el malestar.

. . .

Si aprender a aceptar el malestar - puedes manejar casi cualquier cosa

El malestar es una parte del crecimiento personal.

Aceptar el malestar te permite derrotar la procrastinación, que a su vez abre una gran cantidad de posibilidades.

Puedes empezar un nuevo hábito, aprender un nuevo lenguaje, intentar cosas nuevas, simplificar tu vida, y superar cualquier desafío al que te enfrentes.

Estas tareas pueden parecer bastante desalentadoras al principio, pero cuando aprendas a aceptar el malestar, serás capaz de hacer casi cualquier cosa con entusiasmo y facilidad.

Piensa en las cosas que fueron incómodas para ti una vez, pero que ahora aceptas sin esfuerzo.

Si practicas cosas que te traen suficiente malestar, tu zona de confort se expandirá a la aceptación del malestar. La repetición amplía tus límites de comodidad.

. . .

Muchos de nosotros evitamos el malestar. Algunas personas hacen todo lo que pueden para evitar el malestar. Esto puede convertirse en el mayor factor limitante para la mayoría de las personas. Si estás demasiado cómodo y no puedes ser molestado para mejorar tu vida, estarás obligado a permanecer atascado en un estado estancado.

Cuando constantemente evitas el malestar, te restringes a ti mismo a una zona de confort bastante pequeña. Como consecuencia, te hace perder la mayor parte de la vida. La mayoría de las mejores cosas en la vida, de hecho.

Veámos un ejemplo práctico. La mayoría de la gente considera que comer saludable y ejercitarse es demasiado difícil e incómodo. Como consecuencia, recurres a alimentos reconfortantes y comienzas a llevar un estilo de vida inactivo, lo que te hace no saludable como resultado. El no ser sano también es incómodo, lo que te hace buscar distracciones, como más comida que no es sana, entretenimiento y compras, lo que en realidad hace las cosas peores.

Puede convertirse en un vicio, un círculo vicioso.

. . .

Sin embargo, si simplemente puedes aceptar el malestar, resuelve todos estos problemas. Es por eso que es importante aprender a aceptar el malestar.

Cómo aceptar el malestar

Aprender a aceptar el malestar es una de las mejores habilidades que puedes aprender, ya que tu vida casi no tendrá límites. Aquí están los pasos que debes seguir para aprender a aceptar el malestar:

1. Trata en pequeñas dosis al principio
2. Sumérgete a ti mismo en el malestar - puede ser que a veces te sientas enojado, estresado, triste o frustrado y está bien, es parte de una experiencia humana después de todo.
3. Busca el malestar - sonará un poco extremo, pero tienes que hacer algo con el fin de dominarlo.
4. Nota cómo te alejas de las cosas - considera las cosas que has estado evitando por culpa del malestar; piensa en las experiencias y sentimientos que has estado rechazando. Racionaliza las cosas que has estado evitando y observa si puedes dejar de huir de ellas, una por una.

El malestar en un catalizador para el crecimiento personal

El crecimiento personal depende de los nuevos desafíos y lo que aprendes para superarlos. Nuestra mente es como un músculo que crece cuando se está trabajando. Sin ese trabajo, los músculos se encogen, y también lo hacen nuestras mentes cuando nos entregamos a la comodidad.

Tenemos que abordar el miedo que nos previene de alcanzar nuestras metas. Tu mente tiene la manera de estar a la altura de las circunstancias. Desafía constantemente y te recompensará de maneras que nunca podrías imaginar.

Muchas cosas parecen imposibles hasta que están hechas.

Tienes que desafiar a tu mente incluso haciéndolo un poco incómodo al obligarte a aprender cosas que pueden no venir naturalmente. Date permiso a ti mismo para expandir tus límites y piensa más allá de lo usual.

Las buenas cosas en la vida toman tiempo para madurar - vino, obras de arte, o un portafolio financiero saludable, por ejemplo. Puedes alcanzar la mejor vida con tu paciencia, determinación, diligencia, y una acción estratégica. Eres el único que puede esforzarse más.

La mayoría de nosotros piensa que si tuviera todas las comodidades disponibles, seríamos felices. Asociamos la felicidad con la comodidad. Y ahora nos hemos vuelto tan cómodos que somos miserables. No tenemos luchas en nuestras vidas, ni sentido de la aventura. Manejamos autos cómodos, nos subimos a un elevador - todo viene fácil.

Nunca estamos más vivos que cuando estamos esforzándonos y batallando por logros grandes a través de todo el dolor y sufrimiento que viene con ello. La lucha es donde la magia aparece.

Práctica aunque duela

Tienes que continuar desafiándote a ti mismo y seguir esforzándote. Desafortunadamente, la mayoría del tiempo podemos ser inconsistentes. Incluso si haces un plan de acción y te pegas a él, habrá ocasiones en las que sientas que te vas a rendir. Eso probablemente nunca se irá. Pero la meta final debe mantenerse lo suficientemente motivada para seguir esforzándose a través de todas las dificultades.

. . .

Tu progreso debe ser la principal motivación. Esforzarte cada día más cuando algo te está molestando o lastimando para formar carácter. Continúa desafiándote a ti mismo y serás capaz de superar cualquier obstáculo en tu camino a lograr cosas que te importan.

5

Dominar el poder del pensamiento a largo plazo y la inteligencia emocional
PENSAMIENTO A LARGO PLAZO

Nos parece más fácil obsesionarse con los contratiempos en el momento que intentar y jugar todo el juego. Por supuesto, los obstáculos son reales y están justo enfrente de ti, mientras que el futuro está tan lejano y nada se le promete a nadie.

Las decepciones pueden fácilmente abrumarnos, pero tenemos que recordar que solo son parte de nuestras vidas. La clave para tener éxito es seguir adelante constantemente y no quedar atrapados en nuestros problemas por mucho tiempo.

Los obstáculos que enfrentamos nos brindan una oportunidad para aprender, si estamos dispuestos a mirar lo suficiente. Una vez la ansiedad inicial se va, podemos encontrar maneras de superar los contratiempos y aprender en el proceso.

Tenemos que mirar nuestras vidas como un todo, no solo nuestros errores. Algunos de nosotros podemos tener suerte y viviremos una vida larga. A pesar de todo, no debemos prestar demasiada atención a los contratiempos, ya que eventualmente nos recuperaremos de ellos de una manera u otra.

Tenemos un sesgo inherente hacia la negatividad, que puede sacar lo mejor de nosotros a veces. Los contratiempos pueden ser reales, pero encontramos maneras para superarlos lo mejor que podemos. Tenemos que cambiar nuestra atención desde la negatividad hasta una visión a largo plazo. Hay muchas cosas sucediendo detrás de escenas de las que no nos enteramos. Tenemos que aprender nuestras lecciones de superar los contratiempos y constantemente seguir adelante hacia nuestras metas.

Disciplina y autocontrol

El objetivo de desarrollar una visión a largo plazo es no enfocarse en cosas en el momento porque al final encontrarás una manera para resolverlas, o se resolverán por sí solas. Tienes que crear una imagen clara de tu futuro propuesto en lugar de enfocarse en contratiempos temporales.

. . .

Los obstáculos son parte de nuestras vidas. Pueden ser difíciles de superar, pero son los que nos permiten un crecimiento personal hacia tu camino al éxito. Con el fin de pensar a largo plazo, tienes que adoptar disciplina y autocontrol.

El futuro no está prometido y nadie sabe lo que el futuro nos depara. Pero si tienes una clara visión de cómo se ve tu futuro, puedes superar los contratiempos a corto plazo y el dolor que viene con ellos.

El pensamiento a largo plazo te permite darte cuenta de que nunca estás atrapado en las circunstancias de tu presente y que tu situación mejorará. La vida constantemente pone a prueba tu determinación y fuerza interior. Así es como el crecimiento personal ocurre, después de todo.

Puede ser difícil adoptar el pensamiento a largo plazo porque no estamos acostumbrados a pensar más allá. Estamos acostumbrados a lidiar con la situación del presente y normalmente tenemos una vista limitada del mañana, por no mencionar el futuro.

. . .

Enfocarse demasiado en los contratiempos del presente no es saludable y puede llevar a ansiedad paralizante.

Adoptar un pensamiento a largo plazo te permite enfocarte en metas más grandes y evitar quedarte estancado en las circunstancias del presente.

Imagina tu futuro propuesto

Pensar a largo plazo es esencialmente visualizar tu futuro a través del poder de la imaginación. Al principio, puedes enfocarte en destinos más pequeños en lugar de metas más grandes.

La cosa más importante que tienes que recordar es que tienes que tomar acción, no importa que tan pequeña.

Puedes hacerlo a través del auto refuerzo, visualización, y afirmaciones. El éxito está construido en los detalles más pequeños.

Tu percepción del tiempo afecta cada parte de tu vida. Si te permites vivir en el pasado, se convierte difícil de apreciar el presente y planear tu futuro.

. . .

Aquí está el cómo el pensar a largo plazo trabaja en práctica. Digamos que, tu meta es perder 10 kilogramos, en 6 meses.

Pero existe un contratiempo - has sufrido una lesión.

Naturalmente, lo que hará más difícil, si no imposible, ejercitarse y alcanzar tu meta. Sin embargo, en lugar de concentrarte en el contratiempo, puedes considerar soluciones alternativas que te ayudarán a alcanzar tu objetivo.

Puedes usar este tiempo para trabajar en tu nutrición. Perderás peso y adoptar el hábito de comer una dieta saludable al mismo tiempo. Sí, tomará más tiempo, pero para el momento que puedas ejercitarte otra vez perderás algo de peso y adoptar una dieta saludable, lo que hará mucho más fácil perder más peso y hacerte más saludable y estar en forma.

Haz una imagen detallada de tu vida en algún punto de tu futuro cada mes o dos

Ahora que has aprendido cómo empezar a adoptar un pensamiento a largo plazo, continuemos para establecer objetivos concretos a largo plazo que serán tus indicadores en tu camino al éxito.

Imagina cuánto quieres que sea tu vida de manera realista en cinco años. Y en veinte años. Suena fácil, y muchos de nosotros soñamos despiertos con eso bastante a menudo. Pero la diferencia entre soñar despierto y pensar a largo plazo es que tú tienes que sentarte y hacer un bosquejo detallado de tu vida. Te dará una visión realista pero positiva del futuro que has planeado para ti, en lugar de un sentimiento de ilusión de lo que podría pasar.

La mejor manera de hacerlo es dedicarle una hora cada mes o dos. Primero, elige un período de tiempo - cinco, diez o veinte años. Después pasa por diferentes áreas de tu vida y establece cómo quieres que sean las cosas en esa área.

Puedes hacerte las siguientes preguntas:

- Salud y cuerpo: ¿Qué tan sano está mi cuerpo? ¿Estoy razonablemente en forma para mi edad? ¿Cómo he mejorado mi salud?
- Intelectual: ¿Qué he aprendido? ¿Qué habilidades he dominado? ¿Qué nuevas ideas he explorado?

- Espiritualidad: ¿Me he vuelto más consciente? ¿Qué conocimiento he ganado sobre el propósito de mi vida?
- Matrimonio y familia: ¿Cómo es mi relación con mi pareja? ¿Cómo es mi vida familiar?
- Paternidad: ¿Cómo están creciendo mis hijos? ¿Cómo es mi relación con mis hijos? ¿Se convirtió en una relación saludable entre adultos?
- Social: ¿Cómo es mi relación con mis amigos? ¿Tengo relaciones fuertes con ellos?
- Carrera: ¿Cómo se está desarrollando mi carrera, qué he hecho para mejorarla? ¿Qué he conseguido? ¿Me jubilé con éxito?
- Finanzas: ¿Tengo seguridad financiera? ¿Qué he hecho para mejorar mi situación financiera? ¿Me puedo retirar?
- Otras áreas: ¿Qué otras iniciativas significativas he empezado? ¿Hay algo más que quiero considerar en mi vida?

Piensa en todas esas preguntas y cualquier cosa relacionada a ellas y piensa en una respuesta concreta sobre cómo te gustaría que fuera tu vida en esa área. Tu visión debe ser positiva pero realista. Considera cosas que puedes de manera realista alcanzar.

. . .

De ahí, empieza a hacer planes para el futuro cercano. Piensa en lo que necesitas hacer para que eso suceda.

Debes escribir todo. Toma una libreta, apunta las preguntas y tus respuestas y cualquier pensamiento que pueda surgir de vez en cuando. Haz un plan basado en la visión positiva pero realista visión de tu futuro.

Es un proceso bastante simple, y hace que tu mente se acostumbre a pensar naturalmente en tu futuro con detalles realistas. Con tiempo y práctica, esta manera de pensar se vuelve natural.

Al principio de cada día, piensa en una cosa significativa que puedes hacer hoy que hará tu vida mejor dentro de un año y hacer de eso una máxima prioridad

He estado haciendo esto desde hace un tiempo. Cada mañana cuando despierto, pienso qué podría hacer hoy fuera de mi rutina normal que proporciona cierta clase de beneficios en al menos un año. Puedes ver esto como semillas para el futuro. Aquí hay algunos ejemplos:

1. Ayuda alguien a hacer algunos recados

2. Cuando veas a alguien batallando, ofrece ayuda o al menos solo escucha
3. Ayuda a alguien a moverse
4. Apúntate para trabajo comunitario
5. Cuida del hijo o mascota de alguien más cuando están realmente ocupados o en una emergencia
6. Llama a alguien cercano y habla sobre ellos todo el tiempo. Escucha y haz preguntas sobre ellos en lugar de hablar sobre ti o tus sentimientos.
7. Ofrece ayuda a alguien o da una reseña sobre su trabajo antes de entregarlo
8. Hazte cargo de las tareas del hogar si alguien está realmente ocupado o teniendo una emergencia
9. Cuida de alguien que sabes que tiene problemas
10. Da una referencia positiva de alguien.

Hice todo eso sin ninguna expectativa de obtener algo a cambio. Resultó que tenía un efecto positivo en mi vida en todas las áreas - personal, profesional, financiero, y espiritual. Lo que hizo que me esforzara más en plantar estas semillas cada día.

. . .

Haz que las cosas que disfrutas a corto plazo coincidan con tus metas a largo plazo

Hablando claro, trata de hacer que la mayor cantidad de cosas que haces en tu vida diaria se alineen con tus objetivos más importantes a largo plazo.

Digamos que quieres mejorar tus finanzas, pero eres culpable de gastar dinero de formas innecesarias. En ese caso, debes encontrar rutinas diarias que disfrutes que harán que desvíes tu atención del gasto. Empieza cambiando tu rutina diaria y trata de evitar situaciones donde podrías gastar dinero de manera innecesaria.

Cambia tus hábitos y encuentra otras cosas que hacer para llenar el tiempo en el que gastarías dinero incontrolablemente.

Una manera de hacerlo es cambiar tu camino diario. Si te gusta tomar café, puedes empezar a hacerlo en casa. Disfruta una taza de café en casa y lleva una contigo en un termo en lugar de llegar a una cafetería. Hay muchas cosas pequeñas que disfrutamos, pero puedes encontrar maneras alternativas para disfrutarlas más baratas o encontrar reemplazos menos costosos.

. . .

En resumen, encontrar cosas que disfrutes para completar tu día también tienen beneficios a largo plazo y te ayuda a alcanzar tus metas más grandes.

Dedica algo de tiempo a pensar en elementos específicos sobre tu futuro

Debes encontrar algo de tiempo para reflexionar sobre tu vida y pensar en metas específicas para tu futuro.

Reflexionar sobre tu vida es una especie de revisión a la acción posterior.

Piensa en algo que hiciste recientemente y evalúa si fue la mejor cosa para hacer, que podrías haber hecho mejor, o tal vez hubo cosas más relevantes que debiste haber hecho.

Luego piensa en elementos específicos de tu futuro, cómo quieres que se vea y cómo llegar a ahí.

Piensa en los detalles concretos y averigua qué es factible y qué no lo es. Establece lo que tienes que empezar a hacer ahora para hacerlo realidad.

Concentrarse en metas a largo plazo

La idea principal de pensar a largo plazo es que siempre hay una acción, no importa que tan pequeña sea, que puedas tomar y que te acercarán a tus metas más grandes a largo plazo.

Siempre habrá obstáculos y contratiempos en el camino.

Pero con las habilidades que has aprendido, como la aceptación, responsabilidad y la conciencia plena, no permitirás que los contratiempos te consuman.

De lo contrario, aprenderás de ellos y avanza con determinación y llena de energía. Reconocer los contratiempos como un proceso menor en el desarrollo de un plan mayor.

De esta manera puedes usar tus contratiempos como escalones para un futuro exitoso.

Lidia con lo que está sucediendo y usa las lecciones aprendidas para concentrarse en metas más grandes a largo plazo. Después de todo, aquí es donde el resultado de tus esfuerzos yacen. Deberías intentar aprovecharlo en lugar de insistir en tus errores pasados.

Ahora pasemos a la última pieza del rompecabezas - la inteligencia emocional. Desarrollar tu inteligencia emocional te ayudará a ganar el juego de las emociones.

Aprenderás cómo controlar tus emociones y escoger tus respuestas emocionales para tomar decisiones apropiadas para alcanzar mejores resultados.

Inteligencia emocional

Hay tres categorías principales de capacidades responsables del desempeño sobresaliente de una persona.

La primera de esas categorías son las habilidades técnicas.

Estas son habilidades basadas en el conocimiento en diferentes áreas donde están operando. Es ley para los abogados, contabilidad para contadores, física y matemáticas para ingenieros, historia para historiadores, y así sucesivamente.

. . .

La segunda categoría son las habilidades cognitivas. Estas son habilidades basadas en el cerebro que nos permite competir en diferentes tareas, desde las más simples hasta las más complejas. Estas están relacionadas con el proceso de aprendizaje, de recordar y resolución de problemas. Estas habilidades incluyen la percepción, reconocimiento, e interpretación de estímulos sensoriales, así como la atención y la capacidad para mantener la concentración en ciertas cosas para gestionar las demandas en entornos cambiantes.

Algunos ejemplos prácticos de ciertas habilidades son la memoria, el proceso visual, lenguaje y habilidades motoras.

La tercera categoría es la inteligencia emocional. Es un grupo de habilidades que ayudan a maximizar tu propio actuar y el actuar de otros a tu alrededor. Las partes fundamentales de la inteligencia emocional son la conciencia de uno mismo, la autorregulación, motivación, empatía y habilidades sociales.

En muchos casos, la inteligencia emocional es más importante que la inteligencia o el coeficiente intelectual cuando se trata de alcanzar metas en la carrera o en la vida en general. Actualmente nuestro éxito profesional principalmente depende en nuestra percepción de señales de otras personas y reaccionar ante ellas de manera apropiada.

De este modo, es esencial desarrollar tu inteligencia emocional para entender mejor, empatizar, y negociar con otras personas, especialmente hoy, a medida que la economía se vuelve más global.

Desarrollar la inteligencia emocional puede mejorar la comprensión de ti mismo y a otros, puede ayudar a aumentar tu conciencia sobre sus circunstancias, y mejorar tu habilidad de actuar bajo tus propios intereses y mejorar tu habilidad para actuar en tu propio beneficio y en el beneficio de los demás.

Comprender tus datos emocionales con la ayuda de la inteligencia emocional te ayudará a obtener una mejor comprensión sobre ti y te permitirá modificar tu diálogo interno.

Superar creencias limitantes no es fácil para la mayoría de nosotros, ya que teníamos toda una vida para desarrollar y actuar sobre ellos.

Además, ciertas creencias están escondidas de nosotros porque las aceptamos como la verdad. Hemos aprendido a cómo superar las creencias limitantes y qué estrategias a largo plazo podemos emplear para mantener nuestras creencias fundamentales recién encontradas. La inteligencia emocional es un rasgo importante que te ayudará a dominar este juego emocional. Esto, en cambio, te ayudará a actuar bajo las nuevas creencias fundamentales y actuar bajo tus propios intereses y de los que te rodean en tu camino.

Cinco categorías de la inteligencia emocional

Las cinco categorías de la inteligencia emocional son la conciencia sobre uno mismo, la autorregulación, motivación, empatía y habilidades sociales. Las examinaremos con más detalle:

1.- La conciencia sobre uno mismo

La conciencia sobre uno mismo es la clave de la inteligencia emocional. Es la habilidad de reconocer una emoción cuando suceda. Con el fin de desarrollar la conciencia sobre uno mismo, tienes que ser completamente honesto contigo mismo y sintonizar con tus verdaderos sentimientos. Si eres capaz de reconocer y evaluar tus emociones, puedes controlarlas. La conciencia sobre uno mismo consiste en dos elementos principale:

- La conciencia emocional, la cual es tu

habilidad para reconocer tus emociones y sus efectos.
- La autoconfianza, que es sobre creer en tus capacidades.

2.- **La autorregulación**

Tenemos un poco de control cuando experimentamos emociones. Sin embargo, es posible cambiar que tanto tiempo va a durar una emoción usando ciertas técnicas de emociones negativas, como la ansiedad, depresión, o enojo.

Hemos hablado sobre estas técnicas previamente. Ellos están reformulando una situación de una manera más positiva, tomando una larga caminata para pensar, o practicando alguna clase de meditación. La autorregulación involucra los siguientes aspectos:

- Autocontrol, lo que ayuda a manejar impulsos disruptivos
- Integridad, lo que nos permite mantener la honestidad y la integridad
- Escrupulosidad, lo que está tomando responsabilidad por nuestras acciones y sus consecuencias
- Adaptabilidad, lo que nos ayuda a adaptarnos al cambio climático constante

- Innovación, lo que en este caso significa ser abierto a nuevas ideas e intentar nuevas cosas

3.- **Motivación**

Para poder motivarte, necesitas tener metas claras y una mentalidad positiva. Incluso aunque estemos naturalmente sesgados naturalmente hacia actitudes negativas, puedes aprender a adoptar una mentalidad más positiva con tiempo y esfuerzo. Replantear tus pensamientos bajo una luz ligeramente positiva puede ayudar en ciertas situaciones, pero usar esta técnica constantemente no es saludable, como hemos discutido previamente. Por último, practicar la aceptación puede ayudarte a lidiar con emociones negativas y seguir avanzando hacia tus metas.

La motivación consiste en los siguientes elementos:

- Impulso de logro
- Compromiso
- Iniciativa
- Optimismo

4.- **Empatía**

La empatía es la habilidad de reconocer cómo otras personas sienten. Es una habilidad importante que te ayudará a tener éxito en tu vida y carrera. La empatía te permite reconocer y entender los sentimientos de otros tratando de transmitir ciertas señales. Lo que a su vez te permite controlar las señales que les envías.

La empatía nos ayuda con:

- Orientación al servicio - reconocer y satisfacer las necesidades del cliente.
- Entendiendo a otros - reconocer y entender los sentimientos de otros.
- Desarrollar a otros - reconocer dónde otros necesitan mejorar y ayudarlos a hacerlo.

5. Habilidades sociales

Actualmente tener buenas habilidades interpersonales es necesario para tu vida y carrera. En el mundo moderno en línea siempre conectado todos tienen acceso a varios conocimientos. Como consecuencia, las habilidades de las personas son incluso más importantes que nunca. Necesitas una inteligencia emocional altamente desarrollada para un mejor entendimiento, empatizar y negociar con otros en la economía global moderna.

Aquí están las habilidades sociales más usadas:

- Influencia - utilizar técnicas de persuasión efectivas.
- Comunicación - transmitir mensajes claros.

- Liderazgo - inspirar y guiar a otros.
- Cambiar catalizador - iniciar y gestionar el cambio.
- Manejo de conflictos - entender, manejar y resolver conflictos.
- Construyendo lazos - crear y mantener relaciones.
- Colaboración y cooperación - trabajar con otros hacia un objetivo común.
- Capacidades del equipo - gestionar equipos en la persecución de metas comunes.

Desarrollar tu inteligencia emocional

Aquí hay una guía paso a paso para desarrollar y mejorar tu inteligencia emocional:

Identificar y etiquetar tus sentimientos

Existen algunos sentimientos de los que todas las demás derivan y evolucionan. Son el miedo, enojo, tristeza, disgusto, vergüenza, sorpresa, amor y placer. Lo que es importante es reconocer tus emociones y ponerle nombre a ellos de acuerdo a cómo reaccionas a cada uno. El primer paso para incrementar tu desempeño y efectividad personal es reconocer y etiquetar tus sentimientos. De esta manera, sabrás con qué estás trabajando en primer lugar.

Evalúa la intensidad y duración de tus sentimientos

Nuestras emociones varían mucho en intensidad y duración. Cada sentimiento tiene sus características distintivas.

Tienen un estado psicológico único y se manifiestan ellos mismos de diferentes maneras, intensidades, y duraciones.

Pueden variar desde una ligera agitación o alteración a las psicopatologías que requieren atención y tratamiento profesional.

Los sentimientos básicos tienen una base emocional en su centro. Hay estados de humos que los rodean que son más apagados, pero duran más que la emoción como tal. Más allá de los estados de ánimo podemos encontrar el temperamento, que es esencialmente la disposición a evocar ciertas emociones o estados de ánimo en respuesta a estímulos. Y más allá de eso están los trastornos y patologías clínicas.

Evaluar la intensidad y duración de tus emociones es el paso lógico después de identificar y etiquetarlos, con el fin de ganar un mejor entendimiento de tu vida emocional. Esto, a su vez, te permitirá identificar cualquier disturbio que están caracterizados por una manifestación de emociones inusualmente fuertes y prolongadas o débiles y cortas.

Examina cómo expresas emociones

Las emociones consisten en tres componentes principales: subjetivo, psicológico y expresivo.

El componente subjetivo determina la manera en que experimentamos personalmente nuestras emociones. El componente psicológico define cómo nuestros cuerpos reaccionan a ciertas emociones. Y finalmente, el componente expresivo es responsable de nuestro comportamiento y reacciona en respuesta a diferentes emociones.

El componente expresivo juega un papel importante como responsable del manejo de nuestras emociones. A su vez, determina nuestra comunicación positiva y adecuada de nuestras emociones.

Controla tus impulsos

Hemos establecido que el manejo positivo emocional es importante en cada aspecto de nuestras vidas diarias. La fuerza de voluntad fuerte es la piedra angular del manejo positivo emocional. Fortalecer tu fuerza de voluntad ayuda a fortalecer tu carácter y proporciona un mejor control de tus emociones.

Controlar tus impulsos es la clave para un manejo emocional positivo. No deberíamos permitir que nuestros impulsos nos controlen y determinen el resultado de nuestras acciones.

En su lugar, debemos controlar nuestros impulsos y conducirlos a conseguir nuestros resultados deseados. Esto te ayudará a ganar un sentido de responsabilidad para tu propia vida y te permitirá alcanzar eficazmente tus objetivos.

Gratificación retardada

. . .

Retrasar la gratificación está estrechamente conectada al control de nuestros impulsos y fortalecer la fuerza de voluntad. Esto se considera como uno de los rasgos más efectivos de la gente exitosa. Está ligada al pensamiento a largo plazo, y nos permite concentrarnos en la perspectiva a largo plazo y construir un enfoque sostenible para alcanzar metas más grandes a largo plazo. Por supuesto, escoger tener algo ahora puede parecer bueno a corto plazo, pero tener disciplina, el manejo de los impulsos, y tener una fuerte fuerza de voluntad puede resultar en grandes y mejores resultados en el futuro.

Reducir estrés

El estrés afecta todas las áreas de nuestras vidas. Tiene un significativo efecto negativo en nuestras habilidades sociales, que a su vez se dirige a una comunicación menos exitosa.

Cuando estamos estresados, tendemos a mostrar señales negativas no verbales y, en el peor escenario, podemos perder control sobre nuestras emociones por completo. Reducir el estrés y crear un ambiente calmado es un paso importante en el camino para dominar tus sentimientos y emociones.

. . .

Recuerda la diferencia entre sentimientos y acciones

Nuestras emociones se desarrollan en dos etapas. Durante la primera etapa, nuestras emociones crecen y se desarrollan con el tiempo y con intensidad creciente.

Durante la segunda etapa, se desvanecen y lo rápido que desaparecen depende en la duración de la emoción.

La inteligencia emocional es la habilidad que te permite dominar tus emociones. Con inteligencia emocional, puedes usarlos en el tiempo apropiado y de la manera correcta.

Con el fin de dominar la inteligencia emocional, tenemos que entender la diferencia entre lo que sentimos y lo que hacemos.

Tenemos que entender que nuestro cerebro usa las emociones como mecanismos de defensa. Sentimos miedo de esconder, ira de destruir a nuestros enemigos, y excitación sexual para reproducirse. Sin embargo, con el tiempo y evolución, nuestro cerebro ha estado formando el neocórtex y desarrollado una habilidad para crear estrategias más complejas y planes a largo plazo. Gracias a eso, ahora sentimos miedo y ya no instintivamente sentimos la necesidad de escondernos, en su lugar, podemos usarlo para estar mejor preparados. Esta es la razón por la que somos capaces de controlar nuestro enojo y concentrarnos en metas a largo plazo, en lugar de impulsos negativos momentáneos. Esa es la razón por la que podemos sentir atracción sexual y transformarla en lazos familiares duraderos y amorosos. Nuestra inteligencia y fuerza de voluntad nos permite escoger nuestras emociones y tomar decisiones apropiadas con el fin de lograr mejores resultados.

Conclusión

Para concluir, haremos un resumen de lo que se trató en todo el libro acerca de las creencias y todo lo que conlleva.

Como recordarás, una creencia la definimos como la convicción de que algo es verdadero pero la mayoría de ellas se forman bajo la ausencia de evidencia. Debemos tener en claro que las personas creen firmemente en ellas y eso da como resultado una respuesta positiva y una negativa; si crees en ti y en lo que puedes lograr, serás exitoso y lograrás lo que te propongas, mientras que si las creencias que tienes sobre tu persona son todo lo contrario, lo más probable es que obtengas exactamente lo que piensas que mereces.

Tu realidad está conformada por tus creencias, es por eso que decimos que somos los que creamos nuestra propia suerte. Por consiguiente es importante aprender a crear y

Conclusión

adoptar nuevas creencias fundamentalmente empoderantes.

Depende de cómo hayamos crecido influye en las creencias que hemos arraigado y es por eso que pueden impedir que se desarrollen correctamente nuestras habilidades siendo adultos. Pero todo tiene solución. Si ya hemos adoptado aquellas creencias, está en nosotros reemplazarlas por nuevas que nos ayuden a desarrollar habilidades para alcanzar nuestras metas.

Ya a este punto, es importante saber que las creencias que tienes no son toda la verdad. Son suposiciones que has hecho a lo largo de toda tu vida pero que no son necesariamente ciertas. Después de haber realizado los pasos previamente descritos, te encontrarás con las nuevas creencias fundamentales que tienen que mantenerse.

Para recordar, existen técnicas para mantener las nuevas creencias. La primera es construir autoconfianza para combatir tus miedos. Así mismo, moverte para calmar tu cuerpo y mente para poder relajarte y liberar tensión; puedes incluir algún tipo de actividad a tu vida diaria. El movimiento rítmico mejora tu humor, reduce el estrés emocional e inflamación, y mejora tu sistema inmune.

Después vienen las siguientes tres: la consciencia plena, responsabilidad, y aceptación. La primera, provee la habilidad de sentirse feliz y contento en cualquier circunstancia, así mismo ayuda a cultivar el observarse asimismo

Conclusión

que te ayuda a verte separadamente de tu ego y personalidad. La responsabilidad determina tu respuesta a cualquier circunstancia y te permite tomar la decisión más importante - ser proactivo sobre tus respuestas.

La aceptación es el proceso de experimentar directamente tus sentimientos, sin filtrarlas ni clasificarlas; aceptar tu vida tal cual es.

Recuerda que tu entorno influye de varias maneras, si sientes que estás estancado debes empezar a cambiar tu manera de pensar y tu entorno. Cambia todo lo que no te hace bien. Necesitas cambiar constantemente, para poder ver cambios positivos en tu vida.

Otra de las cosas más importantes que mencionamos, son las metas a largo plazo; el pensamiento a largo plazo es fundamental para tener éxito ya que te permite concentrarte en aquellas metas en lugar de quedarte estancado.

Finalmente, el desarrollo de la inteligencia emocional será de ayuda para poder dominar tus emociones y te sean de ayuda. Recuerda examinar tus creencias cada determinado tiempo, no olvides que debes mantener únicamente las que aportan algo a tu vida diaria y a tus objetivos a largo plazo.

Si en algún momento se te olvida alguna, no dudes en regresar a la lectura para empezar de nuevo y seguir teniendo éxito.

www.ingramcontent.com/pod-product-compliance
Lightning Source LLC
Chambersburg PA
CBHW072158070526
44585CB00015B/1206